南宁市轨道交通3号线一期工程
（科园大道—平良立交）
土建设计研究与实践

雷振宇 蒋盼平 主编

人民交通出版社

北京

内 容 提 要

南宁市轨道交通3号线一期工程（科园大道—平良立交）作为南宁市城市轨道交通线网体系实施的第三条重要线路，承担着贯穿城市西北—东南方向骨干线的作用。本书聚焦线路建设过程中遇到的一系列技术难题，以安全、绿色、经济为理念，依托工程技术方案，综合运用理论分析、数值模拟、现场试验、动态设计等多种方法，形成了一套系统的多层次设计技术方案，可为后续施工和项目管理提供有力的技术支持。

本书可供从事轨道交通设计和施工建设的专业人员、院校师生学习与参考。

图书在版编目（CIP）数据

南宁市轨道交通3号线一期工程（科园大道—平良立交）土建设计研究与实践 / 雷振宇, 蒋盼平主编.
北京：人民交通出版社股份有限公司, 2024.11.
ISBN 978-7-114-19764-2

Ⅰ. U239.5

中国国家版本馆 CIP 数据核字第 20242QQ759 号

Nanning Shi Guidao Jiaotong 3 Hao Xian Yiqi Gongcheng (Keyuan Dadao-Pingliang Lijiao) Tujian Sheji Yanjiu yu Shijian

书　　　名：	南宁市轨道交通3号线一期工程（科园大道—平良立交）土建设计研究与实践
著 作 者：	雷振宇　蒋盼平
责任编辑：	高鸿剑
责任校对：	赵媛媛　刘璇
责任印制：	刘高彤
出版发行：	人民交通出版社
地　　　址：	（100011）北京市朝阳区安定门外外馆斜街3号
网　　　址：	http://www.ccpcl.com.cn
销售电话：	（010）85285857
总 经 销：	人民交通出版社发行部
经　　　销：	各地新华书店
印　　　刷：	北京建宏印刷有限公司
开　　　本：	787×1092　1/16
印　　　张：	14
字　　　数：	295 千
版　　　次：	2024年11月　第1版
印　　　次：	2024年11月　第1次印刷
书　　　号：	ISBN 978-7-114-19764-2
定　　　价：	128.00 元

（有印刷、装订质量问题的图书，由本社负责调换）

编 委 会

主 编
雷振宇　蒋盼平

副 主 编
罗文静　万　杰　王承铖　张　宋

编　委
袁　江　区杨荫　李祖瑞
曾　军　陈　骏　焦　宇
尚　铮　何　苑　韩　磊

主 编 单 位
广州地铁设计研究院股份有限公司

前　言

PREFACE

南宁市位于我国西南地区，是广西壮族自治区首府、北部湾经济区中心城市、"一带一路"有机衔接重要门户，是国内首座建设和运营城市轨道交通的少数民族自治区城市。城市轨道交通系统是集多专业、多工种于一身的复杂系统，通常由轨道线路、车站、列车、维护检修基地、供变电、通信信号、指挥控制中心等系统组成。根据《南宁市城市轨道交通建设规划（2015—2021）》，南宁市轨道交通3号线要建设成为南宁市西北—东南方向骨干线，跨江飞驰、贯通南北，连接起南宁的老城区与蓬勃发展的新区。线路经过南宁四大城区及两大开发区，满足南宁市"完善江北、提升江南、重点向南"的战略拓展需要，进一步完善了南宁市城市轨道交通线网，有力支持了五象新区的建设，同时缓解了城市交通拥堵，推动了南宁区域经济社会发展，提高了广大市民幸福感。

南宁市轨道交通3号线为一条全地下敷设的轨道交通线路，一期工程全长27.96km，沿线地区具有建筑群林立、管线纵横交错、地面交通繁忙等复杂环境条件；地下遭遇富水圆砾层、遇水易崩解半成岩地层、溶（土）洞发育溶蚀层等特殊岩土层。项目设计团队坚持安全、绿色、经济的理念，针对南宁市"海绵城市"首批试点城市的建设要求，建成国内首座海绵车辆段——心圩车辆段；针对节能减排和"装配式"建筑需求，全线采用装配式二次结构和预埋滑槽技术；针对超深富水圆砾层明挖车站基坑建设难题，创造性地使用悬挂式止水帷幕降低基坑建设投资；针对在5A级景区建设半成岩地层偏压深大基坑与隧道群组合式车站难题，系统性地提出了"半成岩明暗挖超深地铁车站绿色建造关键技术"，荣获广西科学技术进步奖。设计是工程项目的先行者，科学、先进的设计方案将有效提升项目的可行性，南宁市轨道交通3号线一期工程前沿性的设计方案有效助力了后续施工和项目管理，工程项目先后荣获中国建设工程鲁班奖和詹天佑奖。

本书共分为 10 章，第 1 章由雷振宇、蒋盼平撰写，综述了全线总体工程情况和主要技术标准；第 2 章由袁江、陈骏撰写，阐述了全线线路设计思路和设计方案；第 3 章由张宋、尚铮撰写，详细介绍了全线工程地质和水文地质分布、特点等；第 4 章由王承铖、李祖瑞撰写，详细介绍了全线车站建筑布局、装修特色、附属设施造型等；第 5 章由蒋盼平、区杨荫撰写，详细介绍了全线区间设计工艺选择、预埋滑槽技术应用、密闭始发（接收）技术应用等；第 6 章由罗文静、曾军撰写，详细介绍了全线车站围护结构选型、明暗挖结合车站设计、特殊地质（地貌）工艺；第 7 章、第 8 章由万杰、王承铖撰写，重点介绍了心圩车辆段和新村停车场施工工艺、规模、技术特点；第 9 章由雷振宇、罗文静、张宋撰写，着重提炼了全线土建设计方案中的特殊设计和亮点；第 10 章由蒋盼平、罗文静、万杰、王承铖撰写，着重提炼了全线土建设计方案中创新点的理念、方法与实现过程。全书由雷振宇负责整体策划和审定，蒋盼平负责全书的统稿工作。本书在编制过程中得到了南宁轨道交通集团有限责任公司、北京城建设计发展集团股份有限公司、中铁第六勘察设计院集团有限公司等单位的大力支持和帮助，在此向所有编审人员及相关单位表示衷心的感谢。

限于作者水平，加之本书所依托工程有自身地域特点的局限性，书中难免存在疏漏和不足之处，期待各位专家和读者批评指正。

作 者

2024 年 8 月

目 录

第1章　绪论 ··· 1

　　1.1　工程概况 ··· 3
　　1.2　主要技术标准 ··· 3

第2章　线路设计 ··· 11

　　2.1　设计成果 ··· 13
　　2.2　设计重难点 ··· 21
　　2.3　小结 ·· 23

第3章　工程地质概况 ·· 25

　　3.1　勘察成果 ··· 27
　　3.2　勘察设计重难点 ·· 36
　　3.3　小结 ·· 37

第4章　车站建筑设计 ·· 39

　　4.1　设计成果 ··· 41
　　4.2　设计重难点 ··· 58
　　4.3　小结 ·· 79

第5章　区间结构设计 ·· 81

　　5.1　工程概况 ··· 83
　　5.2　设计成果 ··· 84
　　5.3　设计重难点 ··· 88
　　5.4　小结 ·· 98

第6章　结构与防水设计 ... 99
6.1　设计成果 ... 101
6.2　设计重难点 ... 117
6.3　小结 ... 131

第7章　车辆段设计 ... 135
7.1　设计成果 ... 137
7.2　设计重难点 ... 142
7.3　小结 ... 150

第8章　停车场设计 ... 153
8.1　项目概况 ... 155
8.2　设计成果 ... 156
8.3　设计重难点 ... 159
8.4　小结 ... 162

第9章　土建设计 ... 163
9.1　车辆段海绵设计 ... 165
9.2　半成岩地层车站施工降水设计 ... 166
9.3　景区主变电所仿古设计 ... 172
9.4　盾构区间预埋滑槽应用设计 ... 173
9.5　地铁车站与周边物业衔接设计 ... 177
9.6　自然采光设计 ... 178
9.7　装配式轻质隔墙应用设计 ... 179
9.8　岩溶处理与风险防范设计 ... 184
9.9　环境融合及公共区装修设计 ... 185

第10章　土建类技术创新研究 ... 189
10.1　出入口飞顶铝镁锰板安装技术 ... 191
10.2　区间下穿已运营轨道交通线路关键技术 ... 193
10.3　区间下穿高速铁路关键技术 ... 195
10.4　区间穿越桩基处理方案关键技术 ... 197
10.5　岩溶地区地基处理及区间盾构掘进 ... 198

10.6 岩溶区基坑处理 ………………………………………… 199
10.7 超深富水圆砾层基底突涌处理 ………………………… 200
10.8 轨排井大跨度结构受力处理 …………………………… 201
10.9 复杂环境深大基坑设计 ………………………………… 203
10.10 半成岩明暗挖车站关键技术研究 …………………… 205

参考文献 ……………………………………………………… 211

第 1 章

绪论

1.1 工程概况

南宁市轨道交通 3 号线一期工程（科园大道—平良立交）（以下简称"3 号线一期工程"）作为南宁市城市轨道交通线网体系实施的第三条线路，承担着贯穿城市西北—东南方向骨干线的作用。线路连接城西组团、城北组团、青秀组团、良庆组团，串联安吉客运站、江北居住区、金湖广场、五象总部基地等主要区域，加强了江北与五象新区之间的联系；满足南宁市"完善江北、提升江南、重点向南"的战略拓展需要；对促进城市合理布局，进一步完善轨道交通线网，支持五象新区建设，提升城市地位，起到了重要作用。

3 号线一期工程线路全长约 27.9km，均为地下线；设置 23 座地下车站，自北向南分别为科园大道站、创业路站、安吉客运站、北湖北路站、秀峰路站、邕武路站、大鸡村站、兴桂路站、小鸡村站、东沟岭站、长堽路站、东葛路站、滨湖路站、金湖广场站、埌西站、青竹立交站、青秀山站、市博物馆站、总部基地站、广西规划馆站、庆歌路站、五象湖站、平良立交站，其中换乘站 7 座，分别为安吉客运站、小鸡村站、长堽路站、金湖广场站、青竹立交站、总部基地站、平良立交站。3 号线一期工程设置心圩车辆段、新村停车场（与 2 号线共用）；与线网其他线路共用运营控制中心；新建秀灵、荔园、乐荣主变电站。初步设计概算总投资约 206.8 亿元。3 号线一期工程线路示意图见图 1-1。

图 1-1 3 号线一期工程线路示意图

1.2 主要技术标准

1.2.1 线路

（1）线路平面

正线数目：双线。

区间正线最小曲线半径：一般 300m，困难 250m。

辅助线最小曲线半径：150m。

（2）线路纵断面

区间最大坡度：一般 30‰，困难 35‰。

车站坡度：地下 2‰，地上 0。

1.2.2 轨道

（1）轨距

3 号线一期工程采用 1435mm 标准轨距。正线最小曲线半径为 300m，出入线最小曲线半径为 180m，联络线最小曲线半径为 160m，曲线处轨距按照《地铁设计规范》（GB 50157—2013）的要求进行加宽。

（2）曲线超高

正线最大超高值为 120mm，允许欠超高为 61mm。出入线及联络线曲线按行车速度计算超高，其余配线曲线不设超高，为避免出现反超高，岔后附带曲线施工时可设 5mm 超高。

超高设置方法：正线及出入线超高除平乐停车场出入线的右 JD5、左 JD5 按全超高设置（外轨抬高全部超高值）外，其余均按半超高（内外轨绕轨顶连线中点旋转，使内轨降低、外轨抬高形成超高值）设置。

车场线（试车线除外）因速度较低，曲线段不设置超高，为避免反超高，施工时可将曲线外股钢轨抬高 5mm 左右（全超高方式）。

曲线超高值在缓和曲线内递减顺坡，无缓和曲线或其长度不足时，在直线段递减顺坡，超高顺坡率一般不大于 2‰，困难条件下不大于 2.5‰。

（3）轨底坡

正线及配线轨底坡均为 1/40；道岔区及道岔之间不足 50m 的地段，不设轨底坡；道岔与两端设置轨底坡的钢轨间由道岔两端外侧的第 2、3 根（对）岔枕通过顺坡垫板实现轨底坡过渡。

（4）轨枕布置间距

正线及配线轨枕铺设数量为 1680 根（对）/km，道岔区轨枕间距按相关设备图的要求铺设。

泵房、人防门、消防连通管预埋处、结构缝等处轨枕间距根据道床块的长度在 500~650mm 之间适当调整，相邻轨枕间距变化较大时应进行轨枕间距过渡。过渡时以级差 25~50mm 为一级，连续铺设 20 对扣件后，再过渡到下一级。

除车辆段、停车场库内线局部区段需按工艺要求铺设之外，其余车场线铺枕根数一般为 1440 根（对）/km。

（5）轨道结构高度

不同形式轨道结构的高度见表 1-1。

轨道结构高度　　　　　　　　　　　　　表 1-1

序号	地段		轨道结构高度（mm）
1	地下线	矩形、马蹄形（无仰拱）隧道一般及中等减振地段	580
2		马蹄形（带仰拱）隧道一般及中等减振地段	650
3		圆形隧道一般及中等减振地段	760

续上表

序号	地段		轨道结构高度（mm）
4	地下线	矩形、马蹄形（无仰拱）隧道高等及特殊减振地段	750
5		马蹄形（带仰拱）隧道高等及特殊减振地段	840
6		圆形隧道高等减振地段	800
7		圆形隧道特殊减振地段	820
8	出入线地面线、试车线混凝土枕碎石道床		845
9	库外线混凝土枕碎石道床		625
10	库内线一般整体道床		600
11	库内墙式、立柱式检查坑，试车线检查坑		500

1.2.3 行车组织

列车编组：根据客流预测资料对线路运输能力的要求，以及综合考虑其他条件，3号线一期工程初期、近期、远期采用6辆编组B型车，最高运行速度80km/h。6辆编组载客量1460人。

行车密度：3号线一期工程初期最大行车密度13对/h，近期最大行车密度21对/h，远期最大行车密度24对/h，系统设计行车密度采用30对/h。

1.2.4 车辆

B型车外形尺寸：6辆编组长度118.320m；车体宽度2.8m（站台高度处）、2.892m（车辆中部）；车体高度3.8m。最高运行速度：80km/h。车辆编组：初、近、远期均为6辆编组。

1.2.5 建筑

站台：有效站台长度为120.0m；站台宽度按设计客流量计算确定，但岛式站台不小于11.0m，侧式站台不小于3.5m；站台高度为1.05m（距轨顶面）；线路中心线至站台边缘的距离为1.5m。

装修后净高：明挖车站公共区不小于3.0m，通道不小于2.5m。

站台至站厅和站厅至地面的自动扶梯与人行楼梯，应依据《地铁设计规范》（GB 50157—2013）的规定，并结合本工程的具体情况合理布置。

1.2.6 结构

（1）结构设计应保证结构具有足够的耐久性，主体构件及内部构件的设计使用年限为100年，使用期间可以更换的次要构件原则上按照50年使用年限设计。

（2）隧道净空尺寸应满足建筑限界和有关规定，并考虑测量误差、施工误差、结构变形和位移等因素的影响。

（3）地下结构按抗震设防烈度为6度进行设计，抗震设防类别为重点设防类（乙类），抗震等级为三级。在结构设计时采取 7 度的抗震处理措施,以提高结构的整体抗震能力。对于非承重构件(装饰构件、管道安装等)也应采取必要的抗震措施。当地铁结构与其他结构合建时,应进行整体抗震检算。

(4)地下车站及地下正线区间隧道工程属甲类人防工程,工程防核武器抗力级别为 6 级,防常规武器抗力级别为 6 级,防化等级均为丁级,在结构设计时采用相应的构造处理措施。

(5)地下车站和机电设备集中区段的防水等级为一级,区间隧道及其连接通道等附属的隧道结构防水等级为二级。

(6)地下结构中主要构件的安全等级为一级,地下结构中承重构件的耐火等级为一级。

1.2.7 装修

1)站厅层

(1)根据车站管理与营运的要求,站厅划分为付费区和非付费区。付费区和非付费区之间应采取分隔措施。一般情况下,非付费区的面积应大于付费区的面积。公共区非付费区与付费区之间的分隔栏杆应根据疏散要求设置一定数量的安全疏散门。

(2)非付费区内设自动售票机、检票机、加值机、公用电话等设备,付费区设通往站台的楼梯、自动扶梯及直梯。

(3)监票亭、检票机和工作人员用出入口应设在非付费区与付费区之间的分界线上。

(4)站厅布置为中间付费区、两端非付费区形式时,应有一条净宽不小于 2.4m 的联络通道。

(5)设计标准。

站厅层设计要求见表 1-2。

站厅层设计要求 表 1-2

项目		设计要求(mm)
公共区装修后地坪面至结构顶板底净高		≥4600
公共区地坪装修层厚度		150
管理及设备用房区地坪装修层厚度		150
通风空调机房及变电所用房地面装修层厚度		50～130
管理及设备区用房区走道净宽	单面布置房间	≥1500
	双面布置房间	≥1800
管理及设备用房区走道净高		≥2400
防静电架空地板高	用于弱电综合设备管理室	300
	用于车站控制室	450
公共区装修后净高		≥3000
弧形断面有效宽度内装修后最小净高(两侧起拱处)		≥2100
公共区地面至任何悬挂障碍物		≥2400

除此之外，车站控制室与站厅之间应设大面积防火玻璃窗。各类管理和设备用房净空应符合其使用功能和各专业工艺要求。对于站厅空间较大的车站，可适当加大公共区吊顶净高，使净空高度与站厅宽度相协调。在公共区进站客流路径上适当考虑安全检查设备的位置。站厅层的集、排水措施（如排水沟）在结构设计中应一并考虑。

2）站台层

（1）本线各地下车站采用屏蔽门系统。地面站及高架站采用安全门系统。

（2）站台有效长度根据远期列车编组长度加停车误差确定，本线有效站台长度为120m，屏蔽门长度为114.17m（设备招标后根据设备确定）。在屏蔽门两端外侧应留出不小于1.5m×1.5m的空间，供列车驾驶员工作使用。

（3）站台公共区上的楼梯、扶梯、通道应均匀布置，并应保证距乘客最近的楼梯、扶梯、通道的距离不得大于50m。

（4）岛式站台车站设备、管理用房必要时可伸入有效站台内，但不宜超过半节车厢长度，当超过时，应设不小于2.4m宽的联络通道，且应保证伸入部分每侧站台有效宽度不小于2.5m。

（5）站台有效长度之外的走道应设有栅栏，同时设有宽度不小于1.1m的下轨道楼梯，供工作人员检修用，当列车在区间隧道内发生事故时，还可用于疏散乘客。下轨道楼梯内侧应留出空间（不宜小于0.25m）供各种电缆由隧道进入车站站台板底，此楼梯应在管线敷设后再施工。

1.2.8 车辆段及停车场

1）车辆检修周期

参考南宁既有线路车辆检修经验和《地铁设计规范》（GB 50157—2013）、《城市轨道交通工程项目建设标准》（建标 104—2008）的相关规定，确定本工程车辆检修种类、定检周期和停修时间详见表1-3。

车辆检修周期表　　　　　　　　　　表1-3

修程	检修周期		检修时间（d）
	里程（万km）	时间	
大修	120	10年	35
架修	60	5年	20
定修	15	1.25年	7
三月检	3	3月	2
双周检	0.5	0.5月	0.5
列检	—	2d	—

2）站场

（1）出入线

①出入线半径不小于250m，困难时不应小于150m。

②出入线交叉渡线线间距为 5m。

③出入线相邻曲线间夹直线不小于 20m。

④出入线的最大坡度不大于 35‰，困难条件下不大于 40‰。

（2）车场线

①线路平面最小曲线半径 150m。

②两相邻曲线间的夹直线长度不小于 3m，道岔基本轨端部至曲线端部的距离不宜小于 3m，不含曲线加宽递减段。

③车场线宜设在平坡道上，条件困难时库外线可设在不大于 1.5‰ 的坡道上。

④试车线宜为平直线路，采用 60kg/m 钢轨 9 号道岔。

（3）路基

①路基面应设有横向坡度，以便于排水。根据路基宽度、排水要求及路基填挖情况，设计为单面坡、双面坡或锯齿形横断面。

②路基面横向坡度及一个坡面的最大线路数量为 3 条。

③路基填料与密实度要求应参照《地铁设计规范》（GB 50157—2013）、《铁路路基设计规范》（TB 10001—2016）实施。

④基床厚度为 2.0m，其中表层厚 0.5m、底层厚 1.5m。

⑤停车列检库和联合检修库内基床表层选用 A 组填料，基床底层选用 C 组填料。

⑥外股道区基床表层选用 B 组填料，基床底层选用 C 组填料。

⑦基床以下路基区域填料选用 C 组填料（C3 组填料除外），其塑性指数不得大于 12，液限不得大于 32%。

⑧非股道区路基填料选用素填土。

⑨场内高填方（5m 及以上）区域每 0.5m 敷设一层土工格栅。

（4）站场排水

①雨水排水采用重力自流排水方式。

②段内排水设备采用排水沟、排水管相结合的形式。排水管最小覆土厚度：人行道下 0.6m，车行道下 0.7m。

③段内纵横向排水设备应紧密配合，排水路径尽量短且顺直。

④设计降雨重现期：库外股道区采用 50 年，其他区域采用 10 年，地面汇流时间按 10min 计。

⑤纵向排水设备的坡度一般不小于 2‰，穿越线路的横向排水设备的坡度不小于 5‰。

⑥纵横向排水槽的底部宽度不小于 0.4m，深度不超过 1.2m；当深度大于 1.2m 时，其底部宽度应适当增加至 0.5m 或 0.6m，具体宽度根据所设计的排水沟进行确定。

⑦对路基有危害的地下水，应根据地下水的类型、含水层的埋藏深度、地层的渗透性等条件，设置渗沟、检查井等地下排水设施。

⑧所采用的雨水管主干管管径最小为 400mm，最小坡度为 2‰。雨水口连接管最小管径为 300mm，设计坡度不小于 1%。

⑨管道在检查井内连接时，采用管顶平接的方式。

（5）站场道路

①段内道路系统设计应满足生产、生活和消防的需要。

②道路路面应有足够的强度，满足段内交通运输的要求。

③主要建筑物周围应设环形消防车道。

④段内道路设计速度为 15km/h。

⑤段内道路设计载荷：双轮组标准轴载 100kN。

（6）道路内缘曲线半径

主干道：内缘曲线半径 9m，困难情况下不小于 6m。

支道、车间引道及人行道：一般为 2~3m。

（7）路面宽度

主干道：7m。

次干道：4m。

支道、车间引道：3m。

（8）纵向坡度

主干道：一般不超过 2%，困难情况下不超过 6%。

次干道：一般不超过 5%，困难情况下不超过 8%。

支道、车间引道及人行道：不超过 8%。

（9）路拱形式

7m 宽主干道采用双坡，4m 宽次干道采用单坡。路拱曲线为直线加圆曲线形式，横坡坡度为 2%。

（10）路面结构

（11）根据场地性质和使用要求，考虑到路面的使用寿命及维护简单等因素，该路面设计为沥青混凝土路面。

3）建筑

（1）抗震设防烈度：车辆段及停车场建筑的抗震设防烈度为 8 度。

（2）厂房、库房生产火灾危险性类别、耐火等级：停车场内停车列检库、工程车库、洗车库为市政交通公用设施，区别于工业建筑的厂房和仓库。目前，规范对于此建筑类型的消防条文尚不明确，本工程根据其规模及主要用途，参照厂房生产火灾危险性类别、库房储存物品火灾危险性类别进行设计。

①运用库、咽喉区：丁类。

②材料库：丁类。

③工程车库：丁类。

④盖下建筑：运用库、工程车库耐火等级为一级，建筑结构安全等级为二级。盖下建筑以外，材料库耐火等级为一级，其余均为二级，建筑结构安全等级均为二级。设计使用年限均为50年。

（3）民用建筑：停车场内民用建筑部分包括2号线、3号线一期工程混合变电所，综合办公楼，公安派出所，门卫房等。设计合理使用年限为50年。耐火等级不低于二级。屋面和地下防水等级均为I级。建筑物热工按夏热冬暖地区设计。结构均为钢筋混凝土框架结构。

4）结构

（1）设计基准期为50年，设计使用年限为50年。若平面图或详图中有材料及耐久性要求，则以平面图及详图为准，否则同设计说明。

（2）上盖为学校的运用库区及出入段地下部分结构安全等级为一级，结构重要性系数为1.1。其他结构重要性系数为1.0。荷载考虑设计使用年限的调整系数$\gamma_L = 1.0$。

（3）地基基础设计等级：主体结构为乙级。

（4）抗浮设防水位绝对高程为107.000m，防渗设计水位按自然地面高程考虑。

（5）建筑耐火等级：地上二级。咽喉区及运用库一层盖体耐火极限不小于3h。

（6）防水等级：屋面二级。

（7）结构构件的裂缝控制等级为三级，即构件允许出现裂缝。裂缝宽度限值：迎土、迎水面不大于0.2mm，其他不大于0.3mm。

（8）抗震设防有关参数：抗震设防烈度为7度，设计基本地震加速度值为0.10g，水平地震影响系数最大值0.08。场地类别II类，设计地震分组为第一组，特征周期值0.35s，结构阻尼比0.05。

（9）地震液化程度判定：本场地20m深度范围内天然沉积的各土层不会发生地震液化，因此可不考虑地震液化的影响。

（10）上部结构嵌固部位为基础顶。

第 2 章

线路设计

2.1 设计成果

1）车站分布

3号线一期工程共设23座车站,均为地下站,站位设置主要以满足客流和规划要求进行控制,有些站位则受周边环境和施工方法制约。3号线一期工程车站分布和站间距离见表2-1。

3号线一期工程车站分布和站间距离表　　　　表2-1

序号	车站名称	站间距（m）	车站形式	备注
1	科园大道站		地下岛式二层	起点站,接轨心圩车辆段
		1430		
2	创业路站		地下岛式二层	—
		1498.18		
3	安吉客运站		地下岛式三层	与2号线换乘
		2010.82		
4	北湖北路站		地下岛式二层	—
		1577		
5	秀峰路站		地下岛式二层	—
		1020		
6	邕武路站		地下岛式二层	—
		1231		
7	大鸡村站		地下岛式二层	—
		1213.24		
8	兴桂路站		地下岛式二层	—
		963.96		
9	小鸡村站		地下岛式二层	与5号线换乘
		1221.86		
10	东沟岭站		地下岛式二层	—
		989.93		
11	长堽路站		地下岛式二层	与7号线换乘
		817.78		
12	东葛路站		地下岛式二层	—
		1168.69		
13	滨湖路站		地下岛式二层	—
		1387.99		
14	金湖广场站		地下岛式四层	与1号线换乘
		1036.96		
15	埌西站		地下岛式二层	—
		933.98		
16	青竹立交站		地下岛式三层	与6号线换乘
		884.57		
17	青秀山站		地下岛式三层	—
		2186.92		
18	市博物馆站		地下岛式三层	—
		818.9		
19	总部基地站		地下岛式二层	与4号线换乘
		1215.94		
20	广西规划馆站		地下岛式三层	—
		940.87		
21	庆歌路站		地下岛式二层	—
		1271.13		
22	五象湖站		地下岛式二层	—
		1415.9		
23	平良立交站		地下岛式二层	与2号线换乘,接轨新村停车场

2）线路平面设计

（1）线路平面设计的特点

①线路平面特征：以右线为例，总长为28039.858m，其中直线长15048.649m，占总长度的53.67%；曲线长12991.209m，占右线长度的46.33%。

②3号线一期工程合理选用曲线半径以缩短曲线长度。正线采用的最小曲线半径为300m，减少线路与建（构）筑物的干扰，减少曲线半径的种类；合理选用缓和曲线长度，以方便施工和运营期的养护维修。

（2）曲线分布及小半径

①全线曲线分布：3号线一期工程共设曲线段101处，其中右线50处，曲线累计长度为12991.209m；左线51处，曲线累计长度为12966.349m。左、右线采用的曲线半径、数量及长度见表2-2和表2-3。

线路平面右线曲线分布表　　　　　　　　　　　　　　　　表2-2

序号	曲线半径（m）	曲线段数量（处）	曲线长度（m）	占曲线全长的百分比（%）	左偏角	右偏角
1	$R=300$	2	390.236	3.0	—	53°59′55″
2	$R=310$	1	591.541	4.6	99°09′58″	—
3	$R=340$	2	1050.072	8.1	61°46′54″	94°57′05″
4	$R=350$	2	511.769	3.9	38°04′32″	26°03′29″
5	$R=360$	3	797.368	6.1	57°02′32″	41°12′54″
6	$R=400$	3	1161.489	8.9	79°33′28″	58°52′53″
7	$R=450$	11	3094.653	23.8	79°00′04″	217°06′36″
8	$R=500$	2	638.034	4.9	29°22′13″	27°42′00″
9	$R=600$	3	974.454	7.5	61°57′40″	11°08′04″
10	$600<R\leqslant 800$	10	2314.591	17.8	29°32′08″	101°04′38″
11	$800<R\leqslant 2000$	9	1239.446	9.5	28°29′45″	16°45′51″
12	$R\geqslant 2000$	2	224.556	1.7	—	5°00′02″
合计		50	12991.209	100.0	563°59′14″	653°53′27″

线路平面左线曲线分布表　　　　　　　　　　　　　　　　表2-3

序号	曲线半径（m）	曲线段数量（处）	曲线长度（m）	占曲线全长的百分比（%）	左偏角	右偏角
1	$R=300$	3	964.469	7.4	99°09′58″	53°59′55″
2	$R=310$	1	426.619	3.3	61°46′54″	—
3	$R=340$	1	631.739	4.9	—	94°57′05″
4	$R=350$	2	521.495	4.0	38°52′18″	26°51′14″
5	$R=360$	3	796.877	6.1	56°57′51″	41°12′54″
6	$R=400$	3	1160.944	9.0	79°33′28″	58°48′12″
7	$R=450$	11	3110.205	24.0	80°15′15″	217°42′36″

续上表

序号	曲线半径（m）	曲线段数量（处）	曲线长度（m）	占曲线全长的百分比（%）	左偏角	右偏角
8	$R=500$	2	638.034	4.9	29°22′13″	27°42′00″
9	$R=600$	3	974.454	7.5	61°57′40″	11°08′04″
10	$600<R \leqslant 800$	10	2296.426	17.7	28°52′58″	100°21′26″
11	$800<R \leqslant 2000$	9	1186.540	9.2	25°50′45″	16°46′06″
12	$R \geqslant 2000$	3	257.547	2.0	0°32′33″	3°37′02″
合计		51	12966.349	100.0	563°11′53″	653°06′33″

②平面小半径设置说明：在3号线一期工程全线采用的最小半径为300m，共设置3处，分别设置在金湖广场站两端及埌西—青竹立交区间。

金湖广场站两端：为避让周边大量的高层建筑（两端分别有28层、15层建筑），本站设置于金湖北路与民族大道路口北侧，两端均采用$R=300$m的曲线半径，以缩短3号线金湖广场站与1号线金湖广场站的换乘距离，减少对金湖下穿隧道及金湖广场地下商场的影响。如图2-1所示。

埌西—青竹立交区间：线路区间出埌西站沿金湖路向南转入青竹立交站后，车站及区间为了避让居民小区（分别有17～23层、11～17层）的高层建筑，左线采用$R=300$m的曲线半径，如图2-2所示。

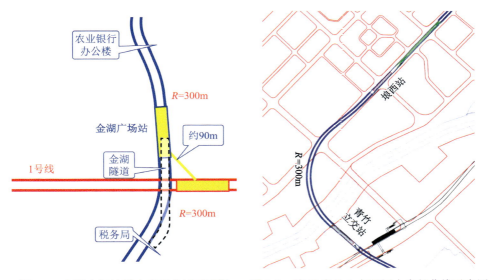

图2-1 金湖广场站端小半径曲线示意图　图2-2 埌西-青竹立交区间小半径曲线示意图

3）线路纵断面设计

（1）线路纵断面设计特点

线路纵断面设计参考相关规范，根据工程及水文地质条件，结合城市规划、工程所处的位置、地面交通要求及车站的施工方法等情况，合理选择线路埋深，以降低工程造价和运营成本。

①线路埋深满足区间隧道施工要求的覆土厚度，在穿越建筑物基础时，视其基础及地质条件合理确定埋深，节省工程投资。

②线路纵坡按"高站位、低区间，尽量采用节能坡度"的原则设计，有利于列车运行，节省运营费用。

③区间线路的最小设计纵向坡度为5‰，以利于排水。

（2）线路纵断面坡度分布

①线路纵断面技术特征统计见表2-4和表2-5。

线路右线纵断面技术特征表　　　　　　　　　　　　　　　　　表2-4

坡段分布	长度（m）	占全长的百分比（%）
$i \leqslant 10‰$	14684.009	52.37
$10‰ < i \leqslant 20‰$	2460.000	8.77
$20‰ < i \leqslant 25‰$	3220.000	11.48
$25‰ < i \leqslant 30‰$	7675.849	27.37
合计	28039.858	100.00

注：i为纵坡坡度，下同。

线路左线纵断面技术特征表　　　　　　　　　　　　　　　　　表2-5

坡段分布	长度（m）	占全长的百分比（%）
$i \leqslant 10‰$	14683.140	52.30
$10‰ < i \leqslant 20‰$	2485.068	8.85
$20‰ < i \leqslant 25‰$	3238.547	13.67
$25‰ < i \leqslant 30‰$	7066.383	23.17
合计	28073.138	100.00

②大坡度地段说明：3号线一期工程线路正线纵断面有一处采用30‰的坡度，位于线路下穿邕江段，如图2-3所示。依据邕江的水下地形资料及冲刷报告成果，设计时尽量拉大线路区间隧道与邕江河床底的净距，以确保区间隧道结构与冲刷后河床底最小净距约为6m。

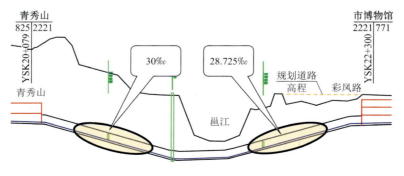

图2-3　青秀山—市博物馆区间下穿邕江纵断面示意图

4）区间隧道与主要建（构）筑物基础关系

3号线一期工程沿线有众多控制点，隧道需下穿建（构）筑物、江河、立交、管线等，在线路设计过程中，针对不同的控制点采取了不同的线路平纵避让方案，同时积极与各单位协调与沟通，力求将影响降至最低，主要控制点见表2-6。

工程沿线控制点　　　　　　　　　　表2-6

序号	里程	建（构）筑物	平面关系（m） 左线	平面关系（m） 右线	结构类型	竖向关系（m） 基础与隧道的距离	基础（m） 类型	基础（m） 桩长	基础（m） 桩径
1	YCK1+032	1m×3m水系箱涵	下穿	下穿	1m×3m箱形结构	5.2	箱形结构		
2	ZCK0+954和YCK1+262	110kV高压线塔	侧穿	侧穿	高压铁塔	水平7.3、竖向0.7	桩基础	8.5	1.7
3	YCK3+040	居民楼	下穿	下穿	框架地上4层、地下2层	3.13	桩基础	13	1
4	YCK3+040—CK3+580	民房	下穿、侧穿	下穿、侧穿	框架、砖混1～9层	16.3～26.3	人工挖孔桩、独立基础、条形基础	2～8	0.4～1.5
5	YCK4+490	办公楼	下穿	下穿	砖混1～2层	20	浅基础		
6	YCK4+530	办公楼	下穿	下穿	砖混2层	21	浅基础		
7	YCK4+980	办公楼	2	11	砖混1层	28	浅基础		
8	YCK4+650+YCK5+020	学校	15.8	3.7	框架4～7层	25	条形基础		
9	YCK5+200	居民小区	19	6	框架6层	15	独立基础		
10	YCK5+480	民房	下穿	下穿	砖混1～3层	14	浅基础		
11	YCK5+530—YCK5+580	居民楼	下穿	下穿	无	4	无		
12	YCK8+400	学校	下穿	10	砖混3层	3	毛石基础		
13	YCK8+440	居民楼	11	下穿	框架6层	4.6		6	0.9
14	YCK8+460	居民楼	9	下穿	框架6层	冲突		12	0.8
15	YCK8+470—YCK9+070	民房	下穿	下穿	砖混或框架1～5层	7～11	浅基础		
16	YCK8+650	地铁	下穿	下穿	无	4.8	无		
17	YCK10+364	居民楼	27.34	4.43	框架24层	4.43	桩基础	12～18	1～2
18	K12+230—K12+300	河道	下穿	下穿		2.03			
19	YCK14+068	铁路	下穿	下穿	碎石道床，混凝土轨枕	9.6			
20	YCK14+104	挡墙	下穿	下穿	扶壁式挡土墙	1.07	扶壁式挡土墙		

续上表

序号	里程	建（构）筑物	平面关系（m）		结构类型	竖向关系（m）	基础（m）		
			左线	右线		基础与隧道的距离	类型	桩长	桩径
21	YCK14+125	高架桥	1.0	1.0	高架桥		桩基础	27.2	1.5
22	YCK14+187	雨水泵房接入管	下穿	下穿	直径1.5m,壁厚0.15m	0.65			
23	YCK14+228	办公楼	4.96		框架地面7层、地下1层		桩基础	不小于7	1
24	YCK14+365	办公楼		3.23	框剪地面8层、地下1层		桩基础	22~23	1.5
25	YCK14+826	2.5m×2.0m污水暗渠		下穿	2.5m×2.0m混凝土污水暗渠	1.3			
26	YCK14+826	住宅楼		7.14	框剪地面30层、地下1层		桩筏基础	8	0.45×0.45
27	YCK14+937	住宅楼		6.98	框剪地面18层、地下1层		桩基础	8	0.45×0.45
28	YCK15+087	商场		3.2	框剪地面26层、地下2层		桩基础	8~10	0.4×0.4
29	YCK15+307	广场		2.89	框剪地面25层、地下2层		桩筏基础	6.5~7	0.4×0.4
30	1CK15+480	桥	1.51				桩基础	不小于6	0.5
31	YCK15+480	连通渠		下穿		破除桩	桩基础	24	1.5
32	YCK15+500	医院	1.58		框剪地面8层、地下1层		桩基础	22	1.5
33	YCK15+540	广场		6.39	框剪地面29层、地下2层		桩基础	20	0.4
34	YCK16+045	群房		10	框架地面5层		独立基础		
35	ZCK16+207	酒店	下穿		框架地面13层	7.97	桩基础	8~14	0.5
36	ZCK16+241	酒店	下穿		框架地面10层	2.0	桩基础	8~15	0.4
37	YCK16+263	综合楼	下穿	下穿	框剪地面7层、地下1层	10.04	独立基础		
38	YCK16+355	综合楼		下穿	框架地面8层、地下1层	17.00	筏基+独立基础		
39	YCK16+755	综合楼		4.04	框剪地面33层、地下1层		桩基础	8.5~13	0.45×0.45
40	YCK16+828	商场		2.0	框剪地面31层地下3层		桩基础	10~16.5	1.6
41	YCK17+016	办公楼	下穿	下穿	框剪地面28层地下2层	1.734	桩基础	11.5~14	0.4×0.4

续上表

序号	里程	建（构）筑物	平面关系（m） 左线	平面关系（m） 右线	结构类型	竖向关系（m） 基础与隧道的距离	基础（m） 类型	基础（m） 桩长	基础（m） 柱径
42	YCK17+369	隧道	下穿	下穿	盾构隧道	5.1			
43	ZCK17+547	办公楼	下穿	下穿	框剪地面3~15层、地下1层	1.79	桩基础	15	0.45
44	YCK17+698	居民楼		1.8	框剪地面8~29层、地下1层		桩基础	13~15.2	0.4
45	ZCK17+764	居民楼	22.84		框剪地面11层、地下1层		桩基础	14~17	0.5
46	ZCK17+832	公寓	16.68		框剪地面17层、地下1层		桩基础	16	0.5
47	YCK19+139—YCK19+152	挡墙	下穿	下穿	混凝土挡墙结构	∠	浅基础		
48	ZCK19+464—ZCK19-475	公寓	下穿	下穿	框架6层	∠	桩基础	6	1.2
49	ZCK19+436—ZCK19+442	公寓	下穿	下穿	框架7层	3.7	未知	6	1.2
50	ZCK19+548—ZCK19+576	办公楼	下穿	下穿	框架6层	11.92	浅基础+CFG桩地基处理		
51	K12+230~K12+300	大桥	33.9	22.9	非对称肋拱桥		桩基础	40	1.5
52	YCK25+925—YCK25+995	水系	下穿			3.393			
53	YCK26+300—YCK27+000	立交桥	下穿	下穿	连续梁	最小水平距离2.5		未知	1.5
54	YCK27+277—YCK27+320	水渠	下穿	下穿	箱涵	9.32			
55	YCK27+410	铁路桥	下穿	下穿	连续框架	8.58	桩基础	3.89	1.5

5）线路辅助线设计

辅助线包括车辆段（停车场）出入线、车站配线（折返线、单渡线、存车线）、联络线。辅助线的设置首先应该满足运营使用的要求，还要考虑投资及工程实施的可行性等因素。

（1）车辆段（停车场）出入线

3号线一期工程设置一段一场，线路北端设置心圩车辆段，出入段线接入起点科园大道站；线路南端设置新村停车场，出入段线采用站后双线接入平良立交站。

（2）折返线、单渡线及存车线

为满足运营折返功能的要求，3号线一期工程在科园大道站东侧设置单渡线、西侧设置折返线；在大鸡村站西侧设置折返线；在平良立交站北侧设置单渡线、南侧设置折返线；为增加系统灵活性，在以下地段设置单渡线及存车线：①安吉客运站东侧设置单渡线；②秀峰路站东侧设置单渡线；③东沟岭站北侧设置单渡线；④东葛路站北侧设置单渡线；⑤埌西站北侧设置存车线；⑥总部基地站南侧设置存车线。

（3）联络线

在安吉客运站设置了与2号线的联络线。

6）与外部环境的协调

（1）对沿线文物的保护

沿线所经区域暂未发现有文物，在设计施工全过程中所遵循的原则为：如若在以后有发现，则需采取一定的保护措施或在施工前先进行考古勘探与发掘，以便保护地下文物。

（2）与建筑物（含规划）的关系

在线路设计全过程中，对影响地铁施工与安全的既有建筑，视其所在地理位置和重要程度，在不降低技术标准和服务水平、不过多增加工程投资、不影响开工时间和工期的前提下，采取避让的办法；对正在施工的建筑与规划设计的市政工程，则配合业主同有关单位协商解决，最终稳定了线路位置。

7）线路平面及纵断面的调整

（1）调线调坡内容

①调线调坡范围：3号线一期工程正线和辅助线共23个车站、24个正线区间、2个出入段（场）线区间。

②隧道断面实测结果：根据北京城建勘测设计研究院有限责任公司提供的南宁轨道交通3号线一期工程各车站及区间断面测量外业成果（包括恢复线路中线、根据不同类型隧道要求的位置测量隧道断面净空）分别检核计算隧道底板顶、顶（中）板的高程、隧道中线左右侧横距、站台板横距以及站台门梁顶横距是否侵限。

（2）侵限处理措施

根据计算出的侵限值，对侵限地段及侵限值对轨道工程和设备安装的影响进行研究分析，确定侵限的原则如下：

①鉴于施工图设计的线路平、纵断面图已提交有关设计部门和设备制造厂商，兼顾整体道床施工的施工时间要求，以不变或少变原设计的线路平、纵断面为宜。

②针对已完工的结构主体，处理方案宜尽量降低施工难度，为施工提供便利条件。

③车站范围原则上不调整线路平、纵断面，以免对站台高程、宽度及屏蔽门的安装造成影响。

（3）调线调坡结果

铺轨后对全线各车站和区间隧道原侵限部位进行检测，检测结果均符合行车限界要求，从而保证了全线开通的运营安全。

2.2 设计重难点

2.2.1 增设科园大道站

建设规划方案中，线路起点站设置在丰达路与振兴路交叉口东侧，距离西侧绕城高速公路约 3km。工程可行性研究阶段考虑起点站西延后可扩大客流吸引范围，且由于车辆段选址由北湖调整至心圩，线路西延后可减小列车至车辆段的空跑距离，与车辆段衔接良好，因此提出将起点站设置在科园大道与振兴路交叉口附近的科园大道站，如图 2-4 所示。

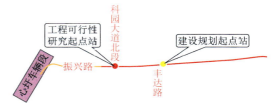

图 2-4 线路起点方案示意图

2.2.2 增设小鸡村站

邕武路—东沟岭（原燕州路站）段位于金桥、东沟岭片区，建设规划方案中 3 号线一期工程沿沙江路敷设（沙江路方案），在工程可行性研究阶段，根据规划、用地现状及有关部门意见，设计团队对沙江路方案、金宁路方案与建兴路方案进行比选研究后，最终采用金宁路方案，同时，配合该线路方案增设小鸡村站（原沙江路站），如图 2-5 所示。

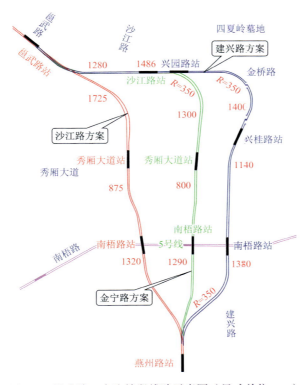

图 2-5 邕武路—东沟岭段线路示意图（尺寸单位：m）

2.2.3 增设东葛路站

长堽路—滨湖路段位于青秀组团核心区，沿线发展成熟。建设规划方案中，长堽路站与滨湖路站站间距较大，且换乘站长堽路站位于湘桂铁路以北，1000m 范围内仅规划一条南北向通道，车站的服务水平、服务范围有所衰减。东葛路为东西向主干道，连接朝阳商圈、青秀核心区、南宁东站，考虑到未来 7 号线有调整至东葛路敷设的可能，因此工程可行性研究阶段增设了东葛路站，增加线网调整的适应性，如图 2-6 所示。

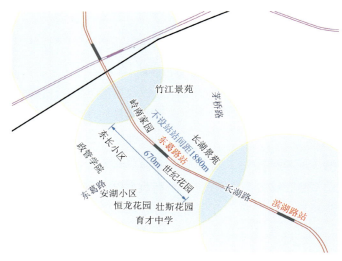

图 2-6　长堽路—滨湖路段线路示意图

2.2.4 埌西—市博物馆段方案调整

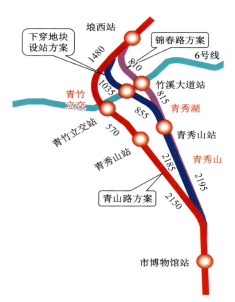

图 2-7　埌西—市博物馆段线路规划
　　　示意图（尺寸单位：m）

本段线路需下穿水系（竹排冲、邕江）、道路立交，设置暗挖车站，原建设规划方案（青山路方案）站位尚有优化空间，因此工程可行性研究阶段对此段线路进行了详细的分析，提出锦春路方案和下穿地块设站方案进行比选。

建设规划方案（青山路方案）中，青竹立交站与立交合建，施工风险大，车站服务功能差，与青秀山站站间距较小。锦春路方案虽避开了青竹立交，但区间穿越青秀湖，需破除锦春桥，且设站困难。下穿地块设站方案虽需与相关产权单位协调用地问题，但下穿房屋数量少，施工风险小，同时还可结合车站进行邻近地块一体化开发，经比选研究后，最终采用下穿地块设站方案，如图 2-7 所示。

2.3 小结

（1）准确齐全的基础资料是做好线路设计的前提

3号线一期工程沿线地形图精度高，地下管线资料齐全，为合理确定线路平面位置创造了条件，而详细的工程地质和水文地质资料以及建筑物的基础资料则为合理确定地下线路的埋深提供了依据。设计前做好基础资料的收集工作，可为设计打下良好的基础。

（2）多专业协作是稳定线路设计的基础

地铁设计是一项复杂的系统性工程，虽然线路专业的主要任务是进行选线设计，但在实际选线过程中，不可避免地会涉及其他专业的协同设计，如客流预测专业涉及客流吸引，行车运营配线设计涉及车站规模，建筑结构设计涉及可实施性等，因此需要建立良好的沟通与协作机制，只有多专业联动，多方案比选，才能最终稳定线路方案。

（3）与周边控制建筑物业主的前期沟通工作是稳定线路设计的关键

在3号线一期工程设计过程中，与周边控制建筑物业主形成良好的沟通，从而稳定了设计方案，降低了工程难度，减少了投资，并有利于控制施工工期。

第 3 章

工程地质概况

3.1 勘察成果

3.1.1 区域地质条件

1）地形地貌

南宁市地形是以邕江广大河谷为中心的盆地形态。这个盆地向东开口，南、北、西三面均为山地围绕，北为高峰岭低山，南有七坡高丘陵，西有凤凰山（西大明山东部山地）。形成了西起凤凰山，东至青秀山的长形河谷盆地。盆地中央成为各河流集中地点，右江从西北来，左江从西南来，良凤江从南来，心圩江从北来，组成向心水系。盆地的中部，即左、右江汇口处，南北两边丘陵靠近河岸，形成一天然的界线，把长形河谷、盆地分割成两个小盆地，一是以南宁市区为中心的邕江河谷盆地；二是以坛洛镇为中心的侵蚀——溶蚀盆地。盆地大部为较为平坦的邕江河谷阶地，发育有六级阶地。

根据地貌类型和形态组合的特点可将南宁市分为四个地貌分区，再根据次一级形态特征划分为五个亚区，详见表 3-1。

南宁市地貌分区表　　　　　　表 3-1

分区代号	分区名称	亚区代号	亚区名称
Ⅰ	侵蚀堆积河谷阶地区	I_1	邕江低阶地亚区
		I_2	邕江高阶地亚区
Ⅱ	剥（侵）蚀丘陵区	II_1	圆状低丘亚区
		II_2	垄状低丘亚区
		II_3	垄状高丘亚区
Ⅲ	溶蚀残峰坡地区		
Ⅳ	（构造）侵蚀低山丘陵区		

3 号线一期工程穿越两个地貌分区和三个亚区，由北向南依次为邕江堆积、河谷阶地区（邕江低阶地亚区——I_1 区、邕江高阶地亚区——I_2 区）和溶蚀残丘谷地区（Ⅱ区）。

2）地质构造

南宁市在地质构造上位于南华准地台南端，即右江再生地槽南缘的西大明山东段高峰隆起束内。区内主要经历了三个构造发展阶段，分别为早古生代（加里东期）地槽阶段，晚古生代（海西期）地台阶段，中生代晚期至新生代（燕山至喜山期）陆内断陷盆地阶段。因此褶皱和断裂发育较好，而且普遍具有继承性和多期活动的特点。

（1）褶皱

①南宁向斜：该向斜轴部位于南宁市区北部老口圩至四塘北，走向北东东，轴部为古

近系渐新统北湖组地层，两翼依次为古近系里采组、南湖组、古亭组、凤凰山组，瓦窑村组地层，北翼倾角15°～30°，南翼倾角5°～15°。北翼较窄，南翼较宽，为一不对称向斜，安吉客运站处于该向斜轴部的南翼，科园东站近处于该向斜的轴部，线路斜交向斜轴部，横穿向斜南翼。

②周村至狮子岭背斜：轴部位于南宁市区南部，沙井以南，在老桥——那舅一带通过，走向北东东，核部为寒武系黄垌口组，两翼依次为泥盆系、石炭系地层，两翼岩层产状变化大，近轴部较陡，轴部及北翼大部被古近系、第四系地层覆盖，江南客运站以南出（揭）露的泥盆系、石炭系，即是该背斜南翼地层。竹溪大道站近处于该背斜的轴部，线路横穿该背斜的南北两翼。

（2）断裂

本区断裂构造较发育，大多数为正断层，少数为逆断层和平移断层，其中少数具有复合性或继承性特征。第四系中也有断层出现，但规模小。根据断层走向，可分为东西向断层、北西向断层、北东向断层。

3.1.2 岩土层分布及特征

根据沿线所揭露地层的地质时代、成因类型、岩性特征、风化程度等工程特性，沿线岩土层分为9层，现分别对各岩土分层及其特征分述如下。

1）填土层

（1）杂填土①$_1$层

杂填土①$_1$层呈杂色，松散，稍湿，混有较多的建筑垃圾和生活垃圾，由砖块、塑料废品、黏性土等组成，层厚一般为0.2～6.0m，标准贯入试验锤击数实测值7～16击，平均11击。一般分布于路面以下及农村建筑垃圾堆积场地，工程性质差，沿线各工点均有出露。

（2）素填土①$_2$层

素填土①$_2$层以灰黄、褐黄色为主，为新近堆填的黏性土、粉土等，偶夹碎石、砂粒，稍湿，松散～中密，层厚一般为0.5～10.0m，标准贯入试验锤击数实测值4～19击，平均12击。广泛分布于3号线一期工程沿线地表，沿线各工点均有出露。

2）黏性土层

根据土的性质和沉积层序，本层分为3个亚层。

（1）淤泥、淤泥质土②$_1$层

淤泥、淤泥质土②$_1$层呈灰色～深灰色，流塑状，含有粉砂、有机质，具臭味，手捏有滑腻感，呈透镜体状，零星分布在邕江两岸地带，主要分布于线路中部的工点。线路经过多处河流及鱼塘，在河流及鱼塘底部多出现该层，属高压缩性软土，工程性质极差。

（2）黏土、粉质黏土②$_2$层

黏土、粉质黏土②$_2$层呈褐棕黄色、灰黄色、灰白色，组成物主要为黏粒，局部含较多粉粒则相变为粉质黏土，硬塑状为主，局部可塑状，干强度较高，韧性较好。压缩系数为 0.09～0.44MPa^{-1}，平均值为 0.21MPa^{-1}，属中压缩性土。标准贯入试验锤击数实测值 3～31 击，平均 16 击。层厚 0.9～16.9m，平均层厚 5.76m，主要分布在邕江低阶地亚区及高阶地亚区，分布于线路中部的工点。

（3）黏土、粉质黏土②$_3$层

黏土、粉质黏土②$_3$层呈灰色，主要为粉质黏土、黏土，局部为粉土，可塑～软塑状为主，局部达流塑状，压缩系数为 0.24～0.47MPa^{-1}，平均值为 0.37MPa^{-1}，属中压缩性土。由于长期位于地下水以下，强度低，其液性指数 I_L = 0.26～0.95，平均值为 0.61。标准贯入试验锤击数实测值 3～9 击，平均 5 击。层厚 3.0～18.0m，平均层厚 7.54m。主要分布在邕江低阶地亚区，分布于线路中部的工点。

3）粉土层

粉土层呈灰色、深灰色，组成物主要为粉粒，局部含较多粉砂则相变成粉砂，稍湿～很湿，松散～稍密状，摇振反应较灵敏，干强度差，韧性差。标准贯入试验锤击数实测值 3～24 击，平均 10 击。层厚 4.0～10.0m，平均层厚 7.59m。主要分布在邕江低阶地亚区，分布于线路中部的工点。

4）砂土层

根据砂土的性质，本层分为三个亚层。

（1）粉砂、细砂④$_1$层

粉砂、细砂④$_1$层呈灰色、灰黄色，以粉砂、细砂为主，颗粒成分以石英砂为主，颗粒较不均匀，局部含少量黏粒、粉粒，湿～饱和，松散～稍密状。标准贯入试验锤击数实测值 5～13 击，平均 9 击。层厚 0.8～14.3m，平均层厚 3.55m。呈条带状或透镜体状，主要分布在邕江低阶地亚区，分布于线路中部的工点。

（2）中砂④$_2$层

中砂④$_2$层呈灰色、灰黄色等，组成物主要为中砂，含较多粉、黏粒，级配不均匀，湿～饱和，稍密～中密状。层厚 2.8～3.7m，平均层厚 3.25m。该层呈透镜体零星分布在邕江低阶地区，主要分布于线路中部的工点。

（3）粗砂④$_3$层

粗砂④$_3$层呈灰色、灰黄色，组成物主要为粗砂，级配不均，含较少量黏粒。湿～饱和，稍密～中密状。层厚 5.0～10.3m，平均层厚 7.65m。该层呈透镜体零星分布在邕江低阶地区，主要分布于线路中部的工点。

5）砾石、卵石层

（1）圆砾⑤$_1$层

圆砾⑤$_1$层呈灰色、灰白色、灰黄色等杂色，饱和，中密～密实状，局部稍密状，主由圆砾组成，颗粒不均匀，局部为卵石或砾砂，最大粒径不小于40mm，其中粒径大于2mm含量约为53.74%，夹薄层细砂层，砾间以中粗砂充填。母岩主要成分为石英岩、硅质岩、砂岩，磨圆度较好，以次圆状为主。该层在钻进过程中时有涌水、涌砂现象，容易塌孔，需要跟管钻进。标准贯入试验锤击数实测值43～306击，平均119击。该层广泛分布在邕江Ⅰ、Ⅱ级低阶地区及河漫滩，层厚0.4～18.4m，平均层厚7.88m，主要分布于线路中部的工点。

（2）含黏性土砾石⑤$_2$层

含黏性土砾石⑤$_2$层呈灰白色、灰黄色等杂色，稍湿，中密～密实状，主要由圆砾组成，颗粒不均匀，局部为卵石或砾砂，砾间为黏性土充填。黏性土为残坡积黏土、粉质黏土，母岩主要成分为石英岩、硅质岩、砂岩，磨圆度较好，以次圆状为主。该层主要分布在邕江高阶地亚区，部分地区因上部土层被侵蚀、剥蚀而直接出露地表，主要分布于线路南北侧的工点。

6）第四系坡残积层

（1）黏土、粉质黏土⑥$_1$层

黏土、粉质黏土⑥$_1$层呈黄褐～褐红色，可塑～硬塑，黏粒含量高，切面光滑，手可捏断，韧性中等，干强度中等。压缩系数0.09～0.39MPa^{-1}，平均值为0.21MPa^{-1}，属中压缩性土。标准贯入试验锤击数实测值5～75击，平均18击。该层层厚1.2～12.4m，平均层厚4.91m。该层主要分布在邕江高阶地区、溶蚀残丘谷地区及侵蚀剥蚀丘陵区，主要分布于线路南北侧的工点。

（2）粉土⑥$_2$层

粉土⑥$_2$层呈灰黄色、褐黄色，组成物主要为粉粒，稍密～中密状，摇振反应较灵敏，干强度差，韧性差。根据收集资料，其压缩系数平均值为0.23MPa^{-1}，属中压缩性土，主要分布于线路南北侧的工点。

（3）粉砂、细砂⑥$_3$层

粉砂、细砂⑥$_3$层呈灰色、灰黄色，稍湿，松散～稍密状，以粉砂、细砂为主，颗粒成分以石英砂为主，颗粒较不均匀，局部含少量黏粒、粉粒。该层层厚5.0～5.8m，平均层厚5.4m，主要分布于线路南北侧的工点。

（4）红黏土⑥$_4$层

红黏土⑥$_4$层呈棕红、褐黄色，可塑～硬塑状，覆盖于碳酸盐岩系之上，为石炭系碳酸盐岩残坡积层，为液限大于或等于50%的高塑性黏土，具有失水收缩、裂隙发育、上硬下软的特征。压缩系数0.13～0.28MPa^{-1}，平均值为0.19MPa^{-1}，属中压缩性土。标准贯入试验锤击数实测值9～33击，平均17击。该坡、残积土层的液限29.5%～41.7%，平均值为35.9%；自由膨胀率34.36%～59.88%，平均值52.04%，属B$_2$类膨胀土。相对膨胀率0.04%～0.13%，平均0.09%，胀缩总率0.87%～3.63%，平均1.83%，属弱胀缩土。该层层厚0.7～

25.0m，平均层厚4.36m，主要分布在溶蚀残丘谷地区，主要分布于线路南北侧的工点。

7）新近系岩层

（1）泥岩、粉砂质泥岩⑦$_{1-1}$层

泥岩、粉砂质泥岩⑦$_{1-1}$层呈灰色～深灰色，为新近系半成岩，硬塑至坚硬土状，岩芯呈长柱状，泥质结构，层理不明显，微裂隙发育，切面光滑，有蜡状光泽，部分钻孔揭露的地层含较多粉砂则相变为粉砂质泥岩，局部含有深灰色、灰黑色薄层泥煤层或炭质泥岩。标准贯入试验锤击数实测值10～330击，平均78击。天然状态下单轴抗压强度为0.11～3.90MPa，标准值为0.84MPa，为极软岩。自由膨胀率38.37%～69.69%，平均值52.82%，属A_1类膨胀土。相对膨胀率0.00%～0.51%，平均0.78%，胀缩总率2.59%～4.36%，平均3.55%，属中等胀缩土。该层层厚0.5～33.7m，平均层厚4.13m。本层同泥质粉（细）砂岩、粉（细）砂岩互层分布。该层在邕江河谷阶地（低阶地及高阶地地区）广泛分布，主要分布于线路中部及北侧的工点。

（2）泥质粉（细）砂岩、粉（细）砂岩⑦$_{1-2}$层

泥质粉（细）砂岩、粉（细）砂岩⑦$_{1-2}$层呈灰色～灰白色，为新近系半成岩，岩质很软，岩芯呈块状～短柱状，砂质结构，泥质胶结，层状构造，给水钻进难取上岩芯，呈粉砂状，成岩程度浅，水压力作用下易形成"流沙"。局部含较多粉砂则相变为粉砂岩，含泥质含量高则相变为粉砂质泥岩。标准贯入试验锤击数实测值12～372击，平均108击。天然状态下单轴抗压强度为0.53～0.96MPa，平均值为0.76MPa，为极软岩。本层同粉砂质泥岩、泥岩互层分布。该层在邕江河谷阶地（低阶地及高阶地地区）广泛分布，主要分布于线路中部及北侧的工点。

（3）泥质粉砂岩、粉砂质泥岩⑦$_{1-3}$层

粉砂质泥岩层呈灰～青灰色，已固结成岩石状的半成岩，土状光泽，岩芯呈长柱状，泥质胶结，硬度大，切面光滑，手捏具有滑腻感，干强度较高，遇水易软化，失水易开裂。其天然单轴抗压强度值为1.36～4.31MPa，平均值为3.01MPa，属于极软岩。标准贯入试验锤击数实测值大于50击。

泥质粉砂岩层呈灰黄～青灰色，已固结成岩石状的半成岩，含少量铁锰质结核，含粉砂较多，岩体较完整，岩芯采取率高，岩芯呈长柱状。其天然单轴抗压强度值为3.74～4.10MPa，平均值为4.62MPa，属于极软岩。标准贯入试验锤击数实测值大于50击。

该层在邕江河谷阶地（低阶地及高阶地地区）广泛分布，主要分布于线路中部及北侧的工点。

（4）炭质泥岩、泥煤⑦$_{1-4}$层

在泥岩、粉砂质泥岩层中普遍夹薄层炭质泥岩、泥煤或者煤炭，呈黑～灰黑色，半岩半土状，性脆，层理明显，有机质含量高。标准贯入试验锤击数实测值16～60击，平均33击。该层层厚0.3～5.0m，平均层厚1.03m，主要分布于线路中部及北侧的工点。

8）古近系岩层

（1）泥岩、粉砂岩、硅质岩⑦$_{2-1}$层

泥岩、粉砂岩、硅质岩⑦$_{2-1}$层呈棕红、褐红、黄白色，由砂岩、粉砂岩、硅质岩互层状组成。层状构造，成岩较好，薄层至中厚层，强风化，岩芯呈块状～短柱状。标准贯入试验锤击数实测值13～306击，平均76.8击，主要分布于线路中部及北侧的工点。

（2）砾岩⑦$_{2-2}$层

砾岩⑦$_{2-2}$层呈杂色，强度较高，由滚圆度较好的砾石胶结而成，岩芯呈长柱状，其饱和单轴抗压强度值为43.158～68.718MPa，平均值为54.292MPa，属于较硬岩。

该层主要分布在溶蚀残丘谷地区及侵蚀剥蚀丘陵区，主要分布于线路中部及北侧的工点。

9）石炭系、泥盆系岩层

（1）全风化带（⑧$_1$）

全风化带呈褐黄色、灰黄色、灰白色等，为石炭系灰岩、硅质灰岩和泥盆系砂质泥岩、泥质砾岩、砂岩、泥岩、扁豆状灰岩等的全风化带，原岩结构已不可辨析，岩性以黏性土、粉土为主，局部夹有残砾，呈坚硬土状或密实粉土状，主要分布于线路南侧的工点。

（2）强风化带（⑧$_2$）

强风化带呈褐黄色、灰黄色、灰黑色等，为石炭系灰岩、硅质灰岩和泥盆系砂质泥岩、泥质砾岩、砂岩、泥岩、扁豆状灰岩等的强风化带，原岩裂隙发育，岩芯呈块状～短柱状，泥盆系强风化砂岩的饱和单轴抗压强度值为1.998～3.980MPa，平均值为3.150MPa，属于极软岩；强风化灰岩饱和单轴抗压强度值为2.790～64.200MPa，平均值为23.784MPa，属于较软岩，主要分布于线路南侧的工点。

（3）中风化带（⑧$_3$）

中风化带呈灰黄色、灰白色等，为石炭系灰岩、硅质灰岩和泥盆系砂质泥岩、泥质砾岩、砂岩、泥岩、扁豆状灰岩等的中风化带，其中泥质砂岩、泥质砾岩为泥质结构，泥质、钙泥胶结；泥灰岩、灰岩为中厚层构造。原岩结构部分风化破坏，裂隙较发育，岩芯呈长柱状。中风化灰岩的饱和单轴抗压强度值为46.848～84.146MPa，平均值为60.370MPa，属于坚硬岩，主要分布于线路南侧的工点。

（4）微风化带（⑧$_4$）

微风化带呈灰色、灰白色、紫红色、褐红色等，为石炭系灰岩、硅质灰岩和泥盆系砂质泥岩、泥质砾岩、砂岩、泥岩、扁豆状灰岩等的微风化带。其中，泥质砂岩为泥质结构，泥质、钙泥胶结；灰岩为中厚层构造。原岩基本未被风化，裂隙微发育，岩芯完整，呈长柱状，泥质砂岩的天然抗压强度标准值为10.44MPa，属于软质岩；依据当地经验，灰岩属于坚硬岩，主要分布于线路南侧的工点。

3.1.3 水文地质条件

（1）地表水

场区无地表水。

（2）地下水

本项目沿线工程影响范围内的地下水主要为上层滞水，第四系松散岩类孔隙水、碎屑岩类孔隙裂隙水，基岩裂隙水，泥质、硅质岩全风化、强风化带裂隙水及灰岩岩溶水。

上层滞水：沿线均有分布，主要接受大气降水、农田灌溉和自来水、雨水、污水等地下管线的垂直渗漏补给。不同地段含水层的渗透系数相差很大，补给方式和补给量悬殊较大，形成上层滞水分布不均匀，水位不连续、高低变化很大的特点。含水层主要为人工填土层和浅部粉土、砂土层。

第四系松散岩类孔隙水：主要分布在邕江低阶地亚区（I_1）和邕江高阶地亚区（I_2）。工程地质I_1区松散岩类孔隙水主要赋存于粉、细、中砂层和圆砾层中，主要含水层为圆砾、卵石，局部承压，水量丰富，与邕江水力联系密切，呈互补关系。工程地质I_2区松散岩类孔隙水主要赋存于圆砾层中，水量中等，与邕江无水力联系，水位埋深0.5~13.6m。

碎屑岩类孔隙裂隙水：主要分布在邕江低阶地亚区（I_1）和邕江高阶地亚区（I_2）。碎屑岩类孔隙裂隙水主要赋存于下伏新近系半成岩泥质粉砂岩、粉砂岩层，具承压性，富水性弱，属弱~中透水层，补给来源主要为大气降水和冲积砂砾层越流补给，沿含水层渗流排泄。水位埋深0.2~15.0m。

基岩裂隙水：主要分布在溶蚀残丘谷地区（II）。主要赋存于泥质、硅质岩全风化、强风化带内，受大气降水及地表水体补给，水量随季节变化较大，出水量一般为5~10t/h。

岩溶水：主要分布在溶蚀残丘谷地区（II）。岩溶水富水性较强，但极不均匀，与附近的河流有水力联系；补给方式分为灌式补给和渗入式补给，在低洼处汇集一定量的降水，通过漏斗或落水洞灌入地下，或通过地面上微小的裂隙，较缓慢地渗入地下，汇入岩溶通道和地下河系之中；岩溶水主要沿溶洞及基岩裂隙循环流动。出水量一般为5~30t/h，水位埋深4.9~14.3m。

（3）地下水腐蚀性

《岩土工程勘察规范（2009版）》（GB 50021—2001）第12.2条规定：对所采取水样评价，第四系松散岩类孔隙水对混凝土结构具弱~中等腐蚀、对混凝土结构中钢筋具微腐蚀。碎屑岩类孔隙裂隙水对混凝土结构具微腐蚀、对混凝土结构中钢筋具微腐蚀，基岩裂隙水对混凝土结构具微腐蚀、对混凝土结构中钢筋具微腐蚀，岩溶水对混凝土结构具弱腐蚀、对混凝土结构中钢筋具微腐蚀。

3.1.4 工程地质分区

根据3号线一期工程初、详勘揭示的沿线工程地质条件，并结合沿线地形地貌、构造，从工程地质角度出发，沿线工程地质分区可分为三个区，见表3-2。

3 号线一期工程地质分区表

表 3-2

区	名称	里程	地貌特征	工程地质特征	水文地质特征	不良地质与特殊岩土	施工主要问题
I₁	邕江低阶地亚区	建设规划方案： YK0+500—YK4+149.79、 YK5+416.55—YK7+155.77、 YK13+974.79—YK19+422.51、 YK20+876.77—YK22+285.06 线网规划方案： YK5+383.60—YK6+228.80 建兴路比选方案： YK14+947.50—YK16+44.80 铜春路比选方案： YK17+994.29—YK19+204.19、 YK20+522.38—YK21+200.48	分布在邕江两岸宽阔的河谷平原上，局部呈小土丘起状，为内叠阶地。高程75.00～85.00m，阶地侵蚀微弱	上部以第四系黏性土、碎石土为主，软土呈透镜体状，分布于地表水系附近。地层由上至下分别有坚硬～可塑～软塑状黏土、粉质黏土，稍密状粉土，黏土呈褐黄色，硬塑～坚硬状态，含少量灰白色高岭土，含黑色铁锰质氧化物，切面稍具光泽；粉质黏土呈褐黄色、硬塑～坚硬状态，含少量灰白色高岭土，含黑色铁锰质氧化物，切面稍具光泽，干强度低，韧性低，手捏具砂感；局部含新性土。下部分布细粉～圆砾，砂土以粉细砂为主，呈圆砾～粗砂，松散～中密，黄色等。中砂，局部密实状，分选性以砾石为主，少部分卵石，分选性较差，粉、黏粒含量较少，粉间充填、黏粒相砂为主，属不连续级配；级配良好，磨圆度较尺，基岩以新近系泥岩、粉砂岩为主，泥岩、粉砂质泥岩近系泥岩，泥岩、粉砂岩为主，呈棕红色、青灰色等，呈硬塑至坚硬土状，蜡状光泽，泥质胶结，层状构造，局部夹少量黑色炭质泥岩或泥团，切面光滑，手捏具有滑腻感，粉砂岩，泥岩开裂，遇水易软化，失水易开裂；粉砂岩成岩程度较浅，呈灰黄～青灰色，含少量铁锰质结核，含粉砂较多	地下水类型主要为上层滞水、岩类孔隙裂隙水。上层滞水主要赋存于素填土中，该层地下水水量贫乏，主要由大气降雨及生活废水补给，通过蒸发方式排泄，无统一水位。松散岩类孔隙水，水主要赋存于粉、细、中砂层为主的第四系松散岩类孔隙水及碎屑岩类孔隙裂隙水。上层滞水主要赋存于粉、细、中砂层为圆砾、卵石，局部承压，水量丰富，与邕江水力联系密切，圆砾层渗透系数一般为15～50m/d。碎屑岩类孔隙裂隙水描述见3.1.3 节	不良地质作用较少。特殊岩土体主要有填土、残积黏性土、膨胀土。填土多欠压密，结构疏密不均，工程性质差，抗剪强度低，强度低；残积黏性土呈可塑～软塑状，抗剪强度低，在失水情况下呈坚硬、硬塑状，水泡后强度显著降低，易致边坡失稳，水泡后强度显著降低；膨胀岩土在失水情况下，会出现大量裂缝，呈互补水关系，中砂层为圆砾、卵石，圆砾层渗透系数一般为15～50m/d。碎屑岩类孔隙裂隙水描述见3.1.3 节	①填土、软土、残积黏性土、坡积黏性土的工程性质差。②膨胀岩土的软化及胀缩性易对工程产生不利影响。③砂砾石稳定性差，易造成用岩失稳、崩塌。④地下水丰富，与地表水体水力联系密切。⑤第三系半成岩成岩较软弱，具抗风化能力弱，风干易裂，再吸水化完全崩解的特性，其工程力学性质差异很大，特别是在遇水和失水的情况下，工程力学性质在遇水和失水变化较大，工过程中，泥岩易产生"泥化"，粉砂岩易产生"流砂"，会对工程产生负面影响

第3章 工程地质概况

续上表

区	名称	里程	地貌特征	工程地质特征	水文地质特征	不良地质与特殊岩土	施工主要问题
I_2	邕江高阶地亚区	建设规划方案： YK4+149.79—YK5+416.55， YK7+155.77—YK13+974.79， YK19+422.51—YK20+876.77 线网规划方案： YK4+663.09—YK5+383.60， YK6+228.80—YK9+743.33 建兴路比选方案： YK9+174.16—YK14+947.50 锦春路比选方案： YK19+204.19—YK20+522.38	呈长条状分布，个别呈孤立土丘，多具高岗状，为基座阶地，高程90～120m，阶面起伏不平，侵蚀程度中等～严重，部分阶地上部的黏性土被剥蚀无存，下部表露碳酸盐岩溶蚀风化而成的第四系红黏土层	第四系以残坡积黏土、坡积黏土为主，粉质黏土、圆砾土厚2～12m，圆砾混有砾石的漂砾，坡积层厚1.0～10.0m。圆砾混有较多的漂砾，层任线路沿线的局部地方已经被剥蚀或者掩露地表。基岩以新近系泥岩为主，泥岩、粉砂质泥岩呈褐色、青灰色，成岩程度较差，蜡状光泽，呈硬塑至坚硬土柱状，泥质胶结，手捏具有滑腻感，遇水易软化，失水易开裂，粉砂岩、泥质粉砂岩岩芯呈松散状	地下水类型主要为上层滞水、第四系孔隙水及碎屑岩类孔隙裂隙水。上层水主要赋存于素填土中，该层地下水量贫乏，主要由大气降雨及生活废水补给，基岩裂隙水主要赋存于圆砾层中，碎屑岩类孔隙裂隙水主要赋存于泥岩、粉砂岩层中，水量中等，与邕江无水力联系，碎屑岩孔隙裂隙水描述见3.1.3节	不良地质作用主要为上层滞水、残积坡积土。特殊岩土主要为填土、残积黏性土、膨胀土。填土多欠压实，结构疏密不均，工程性能差，抗剪强度低；残积黏性土、坡积黏性土抗剪强度低，硬塑状，在失水情况下呈坚硬，水泡后强度显著降低，易导致边坡失稳，膨胀土层在失水情况下强度显著降低，对地基不稳	①填土、残积黏性土、坡积黏性土的工程性质差。 ②膨胀岩土的软化及胀缩性对工程产生不利影响。 ③砂砾石层稳定性不稳，崩塌。 ④第三系半成岩属软化岩，具有抗风化能力弱，风干即裂，再吸水完全崩解的特性，岩体遇水和失水性质异性大，特别是在雨季力学性质容易变化，粉砂岩易"流动"，会对工程产生的影响
II	溶蚀残丘谷地地区	建设规划方案： YK22+285.06—YK30+350.00	残丘高出谷地10～20m，主要由石炭系灰岩、硅质灰岩和少量泥盆系灰岩组成，岩面起伏不均，扁豆状灰质层残积层发育。基岩岩溶现象多有溶沟、溶芽、溶洞，溶蚀谷地东西向展布，高程为80～100m，谷地内略有起伏，上部为碳酸盐岩溶蚀风化而成的第四系红黏土层	第四系以坡残积土层为主，岩性残积红黏土、泥质硅质岩的残积土为主呈红褐色、塑状红黏土，土夹黑色风化岩构造，风化强烈，钻出状	地下水类型主要为上层滞水，泥质灰岩岩溶全风化、强风化带裂隙水及岩溶岩溶水。上层滞水主要赋存于素填土中，主要通过大气降雨及生活废水补给。岩溶地下水主要赋存于基岩风化带内，受季节变化较大。岩溶水富水性较强，但极不均匀，与附近地表水体有水力联系，补给方式分为溶灌式补给和渗入式补给；红黏土分布区域内，以高塑性红土，其液限大于或小于50%，上部下软，具有明显的失水收缩性、裂隙发育，在失水情况下会出现大量裂缝，水泡后强度显著降低，易引起地基失稳边坡失稳	①红黏土裂隙发育且具有膨胀性，水泡后强度显著风化作用强烈，岩体破碎，稳定性较差。 ②泥质硅质岩易受风化作用低，对工程影响较大。 ③岩溶发育，易造成岩溶塌陷。工程地质条件较差，施工易受地下水、岩溶洞及基岩裂隙水的影响

3.2 勘察设计重难点

3.2.1 不良地质作用、地质灾害

南宁市区大部分地区为地质灾害低易发区，中易发区主要分布于邕江两岸、安吉以北、市政府以东、罗文村以西、老虎岭以南区域。发育的不良地质主要有岩溶、土洞、滑坡、崩塌、采空、地面沉降等。

对 3 号线一期工程全线设计和施工有影响的不良地质作用主要为岩溶、土洞、滑坡、软土震陷等。

3.2.2 特殊性岩土

根据沿线勘察成果和区域地质资料分析，拟建场地特殊性岩土如下：

（1）填土

填土在 3 号线一期工程沿线均有分布，厚度变化较大，为 0.2~10.0m，分素填土和杂填土。素填土以灰黄色、褐黄色黏性土、粉土、局部碎石块为主，结构疏松，强度低，高~中等压缩性；杂填土由生活垃圾及黏性土、砂等组成，含少量有机质，欠压实，强度低。沿线的不均匀填土层对高架桩基影响较小，但会给地下区间隧道掘进带来一定的不良影响，同时其对停车场、综合基地建筑和站场的地基方案影响较大。

（2）红黏土

工程地质Ⅱ区分布有红黏土，厚度变化较大，为 0.7~25.0m，为碳酸盐岩风化残积层，该类土收缩性高于膨胀性，易失水收缩，造成地面或房屋开裂，浸水后裂缝不能闭合。该类土对地面建筑物的地基方案影响较大，同时其对建筑开挖的基坑侧壁稳定性影响也较大。

（3）膨胀岩土

膨胀岩土在 3 号线一期工程全线均有分布，新近系未固结成岩的泥岩、粉砂质泥岩，呈坚硬黏性土状，天然状态下强度较高，压缩性低，但浸水易软化，软化系数仅为 0.19~0.29，干后则开裂。据《南宁市区域工程地质调查报告（1∶5 万）》，对南湖组、北湖组 20 个粉砂质泥岩半成岩颗粒分析样品统计，小于 0.005mm 的黏粒含量最大达 83.5%，最小 17.9%，平均 29.81%，泥岩、粉砂质泥岩黏粒含量较高，隧道采用盾构法施工时易结泥饼，钻孔灌注桩成孔时易糊钻。粉砂岩、泥质粉砂岩呈密实粉砂土状，在水压力作用下易形成流砂，钻、冲孔灌注桩成孔时易塌孔、埋钻具。

（4）软土及软弱土

工程地质I_1区软土及软弱土为淤泥、淤泥质土，具有含水率、孔隙比高，压缩性高、强度低的特征。该层呈软塑~流塑状，具有高压缩性，压缩系数平均值为 0.37MPa^{-1}，强度低，快剪内摩擦角为 8.85°，黏聚力为 22.92kPa，为软弱土层。该层多分布在④砂层或⑤$_1$

砾石层之上，另岩溶溶洞内也可能会分布有软土。若地下车站基坑开挖深度范围内存在该层土，其对基坑开挖侧壁的稳定性及基底方案影响很大；若采用桩基，当桩穿越淤泥质软土层时，可能引起桩侧负摩阻力，应考虑负摩阻力对桩基承载力和沉降的影响。

（5）风化岩、残坡积土

工程地质I_2区、II区内分布有第四纪风化岩和残坡积土层，主要为灰岩、砂岩和泥岩全风化后形成。该类土具有胀缩性，工程性质比较特殊，对地下车站、区间的基坑支护不利。

3.3 小结

（1）3号线一期工程所经路段地表环境复杂，跨越多个工程地质单元，地表起伏较大，工程地质条件、水文地质条件复杂，周边环境风险等级较高，沿线特殊性岩土发育，出现了填土、软土、膨胀土、液化砂土、富水圆砾层、泥煤、岩石软化及干裂等众多岩土工程问题及地质风险。在施工建设过程中，各参建方不断总结归纳，结合南宁市轨道交通特点，对不同类型的岩土问题实施针对性研究，并采取了一系列有效的工程措施手段。相关成功经验对于城市轨道交通建设具有积极的借鉴作用。

（2）古近系湖相沉积半成（膨胀）岩在南宁盆地东部和西部有大面积出露，按其物质构成来细分，可分成为泥岩、粉砂质泥岩、泥质粉砂岩、粉砂岩，它们以互层状分布。泥岩具有强～中胀缩性，其胀缩性易引起路面、地下管线和低层建筑物的开裂，且遇水膨胀、失水干裂，工程性质极不稳定，在大气降水作用下，抗剪强度显著降低，易导致边坡失稳；另外，在盾构施工过程中，泥岩容易在刀盘结成泥饼。粉砂岩具有透水性弱、富水性差的特点，渗透系数一般为0.8～1.2m/d，其中赋存的地下水不易疏干，降水难度大，在地下水作用和施工设备扰动下，形成流砂，易造成基坑涌水、涌砂，导致桩间土粒严重流失，影响基坑安全。

3号线一期工程范围内半成（膨胀）岩分布广泛，其抗风化能力弱，风干易裂，再吸水完全崩解，易导致支护结构破坏、土体失稳或发生过大变形，对基坑周围环境及地下结构施工影响严重；原状泥质粉砂岩、粉砂岩固结程度高、承载力高，但在基坑开挖卸荷作用及地下水的作用下，容易形成潜蚀，不利于基坑侧壁的安全。同时，由于半成岩具有显著的吸水膨胀和失水收缩的变形性能，在基坑施工过程中，由于施工揭露，其土体含水率发生变化，造成膨胀土变形加剧，容易在基坑部位形成浅层滑坡，从而造成基坑垮塌，施工过程中应采取有效措施，防止基坑土体遭受长时间暴晒、风干、浸水等。在设计施工中，应对基坑侧壁采取必要的封闭措施，尽量保证侧壁土层含水率不发生显著变化。

（3）3号线一期工程南段发育岩溶，岩溶形态主要有溶沟、石牙、溶槽、溶洞、谷地、残丘等。溶洞裂隙多被黏性土充填或半充填，基岩出露少，上覆残积黏土层厚度变化较大，局部线段较厚（一般为14.0～22.0m），地下水较丰富，富水性中等，局部线段人工填土层下即为灰岩。

在区间盾构隧道施工过程中，对于溶洞发育地段，由于地层软硬不均易造成盾构推进偏心，会导致盾构掘进方向控制、盾构姿态控制、掘进速度及盾构刀具合理配置的难度加大，故应对隧道洞深影响范围内的溶洞进行注浆等处理，以消除其不利影响。盾构掘进施工时，对角砾土、溶洞充填物还应注意涌水等现象，以及其引起开挖面失稳和地面下沉的问题，必要时采取止水措施及补充注浆。

（4）3 号线一期工程勘察成果满足规范要求，客观科学，总体上实用性较强，详细查明了勘察范围的地形地貌特征、地层分布、地层顺序及特殊性岩土的特征和分布，在结合设计和施工方法的要求后，提出了设计所需的技术参数，是施工图设计工作的有力依据。

第 4 章

车站建筑设计

第4章 车站建筑设计

4.1 设计成果

4.1.1 车站形式及标准站设计

1）车站形式

根据各站在线路中的条件，如线路的配线情况、供电设备的配置情况、通信和信号是否连锁以及道路现状、规划要求、周边人员出行方式，项目组需要对车站方案进行优化、整合和归类。一般地下车站设计采用标准的地下二层岛式车站形式，为框架结构。车站主体埋于规划道路中部下方，根据道路规划情况设置出入口、通道和风亭。对于特殊车站，如有小交路配线、存车线和换乘要求，需要进行针对性的设计。

一般情况下，车站站台宽度采用宽11m单柱岛式车站或14m双柱岛式车站，特殊情况下需根据客流计算及车站建筑功能需要确定。

本线车站分以下几种类型。

（1）地下二层岛式车站：该型车站一般情况下布置在道路中央，地下一层为站厅层，地下二层为站台层。此种形式适用浅埋明挖法或盖挖法施工，能充分利用已开挖的空间；站厅分区合理，布局灵活；站台利用率高，疏导乘客能力大；站台较深，与区间隧道的连接容易，保证了盾构机推进深度。采用这种形式的车站有创业路站、北湖北路站、秀峰路站、邕武路站、兴桂路站、小鸡村站、东沟岭站、长堽路站、东葛路站、滨湖路站、庆歌路站、五象湖站，共12座车站。

（2）地下两层带存配线车站：布置形式基本同地下两层岛式车站，考虑到3号线是南宁市内骨干线，应尽量充分利用单配线上方空间，将富余面积调整至公共区，增加乘客使用空间。采用这种形式的车站有科园大道站、大鸡村站、埌西站、总部基地站、平良立交站，共5座车站。

（3）地下三层岛式车站：由于线路原因，部分车站埋深较大，或受限于拆迁等因素需要尽量压缩车站长度，则优先采用地下三层岛式车站形式，地下一层为站厅层，地下二层为设备层，地下三层为站台层。采用这种形式的车站有安吉客运站、青竹立交站、市博物馆站、广西规划馆站，共4座车站。

（4）地下四层岛式车站：采用这种形式的车站为金湖广场站。

（5）地下五层分离岛式车站：采用这种形式的车站为青秀山站。

各车站设计客流及主要特征见表4-1。全线共有7个换乘站，分别为安吉客运站（2、3号线换乘）、小鸡村站（3、5号线换乘）、长堽路站（3、7号线换乘）、金湖广场站（1、3号线换乘）、青竹立交站（3、6号线换乘）、总部基地站（3、4号线换乘）、平良立交站（2、3号线换乘）。

表 4-1 各车站设计客流及主要特征表

序号	站名	预测客流（人/h）	车站中心里程	站台形式	车站中心轨面埋深（m）	站台宽度（m）	线间距（m）	车站长度（m）	总建筑面积（m²）	设备区管理用房面积（m²）	结构类型	施工工法	备注
1	科园大道站	6114	YCK0+750.864	岛式	14.788	11	14	563.5	19398.5	2712.6	地下二层单柱	明挖	设单停车线、单渡线、出入段线、牵引所
2	创业路站	10764	YCK2+235.796	岛式	15.28	11	14	210	10889.70	2689.54	地下三层单柱	明挖	设牵引所
3	安吉客运站	11950	YCK3+748.017	岛式	22.64	14	17	317.90	33615.32	5443.50	地下三层双柱	明挖	2、3号线换乘站，设单渡线、联络线
4	北湖北路站	3715	YCK5+705.000	岛式	14.60	11	14	214.52	14502.2	2516	地下二层单柱	明挖	设牵引所
5	秀峰站	4154	YCK7+229.677	岛式	15.18	11	14	267.56	13195.77	2562.80	地下二层单柱	明挖	设单渡线
6	邕武路站	5750	YCK8+241.658	岛式	17.83	11	14	209.5	13033.23	2775.0	地下二层单柱	明挖	设牵引所
7	大鸡村站	7629	YCK9+480.958	岛式	16.3	11	14	463.4	19054.47	2472.69	地下二层单柱（局部单层）	明挖	设双停车线
8	兴桂路站	7029	YCK10+696.191	岛式	19.09	11	14	219.3	13225.8	2706.0	地下三层单柱	明挖	设牵引所
9	小鸡村站	17397	YCK11+658.947	岛式	15.352	14	17	219	14390.69	2713	地下三层双柱	明挖+盖挖	3、5号线换乘站
10	东沟岭站	7795	YCK12+882.012	岛式	19.05	11	14	273.5	15093	2549.56	地下三层单柱	明挖	设单渡线、牵引所
11	长堽路站	13956	YCK13+871.367	岛式	15.15	13	16	164.6	16250	3215.7	地下两层双柱	明挖	3、7号线换乘站

续上表

序号	站名	预测客流（人/h）	车站中心里程	站台形式	车站中心轨面埋深（m）	站台宽度（m）	线间距（m）	车站长度（m）	总建筑面积（m²）	设备区管理用房面积（m²）	结构类型	施工工法	备注
12	东葛路站	7684	YCK14+688.597	岛式	17.335	11	14	287	17667	3823	地下二层单柱	明挖	设单渡线，牵引所
13	滨湖路站	9094	YCK15+857.800	岛式	16.80	11	14	198.8	11580	2703.32	地下二层单柱	明挖	—
14	金湖广场站	36606	YCK17+247.477	岛式	27.2	16	19	150	22900	5415	地下四层双柱	明挖	1、3号线换乘站，设牵引所
15	埌西站	17597	YCK18+284.201	岛式	15.592	11	14	468.9	23960.95	2288.87	地下二层单柱	明挖	设双停车线
16	青竹立交站	24191	YCK19+222.221	岛式	24.88	14	17	155	15214.527	4362.0	地下三层双柱	明挖	3、6号线换乘站
17	青秀山站	3284.4	YCK20+117.000	分离岛式	51.504	29.70	32.70	195.9	24099	6995.86	地下五层三柱	明挖+暗挖	设牵引所
18	市博物馆站	5536	YCK22+293.000	岛式	23.13	13	16	151	14053.51	3167.90	地下三层双柱	明挖	—
19	总部基地站	20598	YCK23+131.387	岛式	17.75	14	17	493	36804	3587.61	地下二层双柱(局部三层)	明挖	3、4号线换乘站，设双停车线，牵引所
20	广西规划馆站	17215	YCK24+347.325	岛式	21.75	13	16	150	15240.025	5185.249	地下三层双柱	明挖	—
21	庆歌路站	10879	YCK25+285.658	岛式	17.1	11	14	210	12902.42	3511.22	地下二层单柱	明挖	设牵引所
22	五象湖站	9215	YCK26+578.572	岛式	18.04	11	14	164	13115.78	3852.53	地下二层单柱	明挖	—
23	平良立交站	23177.5	YCK27+976.043	岛式	15.59	14	17	443.3	29245	6000.60	地下两层双柱(局部三层)	明挖	2、3号线换乘，出入段线，设单渡线，牵引所

2）标准车站设计

全线地下二层岛式车站均采用同一形式布置，保证全线车站标准化。站厅层公共区设置于中央，分为付费区和非付费区，如图4-1所示。付费区内设两部上行、一部下行扶梯、一部直跑楼梯、一部L形楼梯以及垂直电梯连通站台层。公共区两端为设备管理用房区，布置车站管理用房及各个设备用房，尽端为环控机房及风道。

图 4-1 标准站站厅层平面图

站台层分公共区、设备区及轨行区，如图4-2所示。公共区中部设置楼扶梯通站厅层，站台层两端为设备区，布置乘客卫生间及变电所用房等。

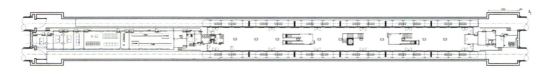

图 4-2 标准站站台层平面图

车站站厅层公共区总长81m，结合站内安检设施，采用中部进站两端出站的单向客流组织模式，进出站客流互不交叉，如图4-3所示。公共区两端为乘客集散区，宽度为2～3跨，较为开阔，满足乘客购票、排队安检进站以及出站的需求。站台层公共区总长113.85m，上下楼扶梯均匀布置，如图4-4所示。为提升站台空间品质，站台层中部楼梯为无柱楼梯。

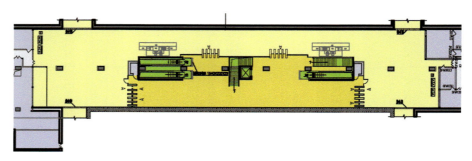

图 4-3 标准站站厅层公共区平面布置示意图

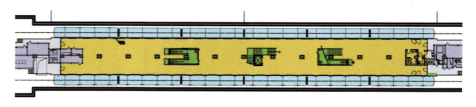

图 4-4 标准站站台层公共区平面布置示意图

4.1.2 换乘车站设计

1）设计标准和原则

（1）换乘站设计标准

综合考虑换乘效率与设施冲击的风险，以及高峰、平峰时段换乘设施能力利用的经济合理，项目组从设施能力、换乘便捷性、设施配置三个方面细化了原有设计标准，整体上提升了服务水平。

（2）换乘方式选择原则

换乘站设计按城市规划及最大客流需求，换乘方式依次考虑采用平行换乘、节点换乘、通道换乘（付费区）。

（3）动态模拟

换乘站进行动态模拟评价，再现客流使用效果，以优化换乘站设计。

换乘站形式汇总见表4-2。

换乘站形式汇总表 表4-2

序号	车站名称	所属区域	换乘形式	备注
1	安吉客运站	西乡塘区	节点换乘	与2号线换乘
2	小鸡村站	兴宁区	节点换乘	与5号线换乘
3	长堽路站	兴宁区	通道换乘	与规划7号线换乘
4	金湖广场站	青秀区	通道换乘	与1号线换乘
5	青竹立交站	青秀区	通道换乘	与规划6号线换乘
6	总部基地站	良庆区	节点换乘	与4号线换乘
7	平良立交站	良庆区	节点换乘	与2号线换乘

2）功能评价

车站功能评价包括以下几个方面：

（1）车站是否合理利用地形、地貌、地理条件，来确定车站的结构形式和建筑布置形式；车站是否根据站址环境内的其他构筑物，可利用地下空间，以及既有和规划建筑中有效空间，来设置车站部分必要设施。

（2）车站在地面交通密集的狭长带、站址周围有重要公共建筑的位置，是否采用灵活的区间线路形式和特殊的有针对性的车站结构体系、车站布置手段，来实现与之相适应的车站布置形式。

（3）车站与城市规划、交通规划以及既有工程的结合是否合理，车站站位、人行通道、出入口的选址和设置形式是否按照能充分有效地吸引和疏散乘客、方便换乘、提高车站综合效能的原则进行设计。

（4）车站建筑形式是否充分考虑不同地段、不同区域的特征，采取必要的手段来选择最适应的车站布置形式。车站规模应尽可能小，应尽可能减少对城市景观的影响，并与城市规划相适应。

（5）车站内客流组织是否顺畅合理，不同客流之间的交叉点是否最少，换乘车站进出客流与换乘客流之间是否互不干扰或影响最小。在充分考虑平时不同客流的疏解和集散，以及在紧急情况下方便乘客疏散，确保安全的布置时，空间利用是否合理紧凑，对车站的运营管理，乘客使用的各种设施［AFC 系统（自动售检票系统）、楼扶梯、电梯、公用电话、导向系统、防火门等］的选用和布置是否最优、最合理。

（6）车站环控、供电、给排水及消防等对车站规模起控制作用的设备专业是否采取合理可行、经济适宜的设备运营及管理模式。

（7）车站内设备与管理用房的布置是否紧凑、合理，是否便于运营管理，设备管理区与车站公共区是否便于联系和流动，是否充分利用有效的车站空间。

（8）车站布置是否充分考虑到施工期间对市区交通干扰最小，使站址周围既有建筑拆迁量最少，以及车站施工工期最短、投资最少、结构形式最合理。

3）换乘车站设计

（1）安吉客运站

安吉客运站为3号线由北往南的第3个车站，是2、3号线的换乘站。该站位于安吉大道与规划路（连兴路）交叉路口，沿规划路东西敷设，2号线沿安吉大道南北向布置，3号线沿规划路东西向布置，为地下三层车站。在车站东南角设2、3号线的联络线，站后带单渡线。车站总长为317.9m，标准段宽为23.10m，站台宽度为14m，车站平面图如图4-5所示。

车站总建筑面积为33615.32m²，其中物业部分为11414.25m²，车站共设置5个出入口（其中I、V号出入口为地铁出入口，其余为物业出入口）、7个安全出入口（其中2、7号安全出入口为地铁疏散口，其余为物业疏散口）、4组风亭（含物业）、2组地面式冷却塔（含物业）。

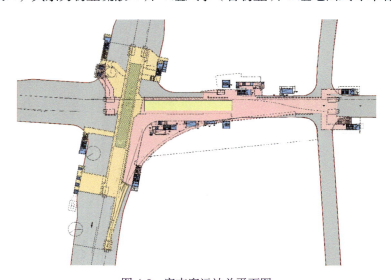

图 4-5　安吉客运站总平面图

设计之初，根据行车要求，本站设有 2、3 号线的联络线，由于本站为综合枢纽站，周边有公交总站及安吉客运站（长途客运站），客流量大，有一定的物业开发价值，最终对联络线与车站主体空间及车站东侧做了部分物业开发，有效利用了车站的人流，提升商业氛围。

（2）小鸡村站

小鸡村站为 3 号线由北往南的第 9 座车站。车站位于金禾路与南梧路交叉路口，沿金禾路南北向布置。车站平面鸟瞰效果如图 4-6 所示。

图 4-6　小鸡村站总平面鸟瞰效果图

本站为 3 号线与 5 号线的 T 形节点换乘站，为地下二层车站，换乘节点局部三层。车站外包总长为 219m，标准段结构外包尺寸为 22.7m（宽）×13.8m（高），站台宽度为 14m。车站主体建筑面积为 11145.12m²，附属建筑面积为 3105.16m²，总建筑面积 14390.69m²，顶板覆土厚度约 3m，共设置 4 个出入口、1 个安全出入口、2 组风亭、1 组下沉式冷却塔。车站采用明挖法+盖挖法施工，基坑围护结构采用地下连续墙+内支撑体系。

（3）长堽路站

长堽路站为 3 号线由北往南的第 11 个车站，车站位于长堽路与规划建安路的交叉路口北侧，沿规划建安路南北向设置，车站主体局部位于规划长湖—长堽立交匝道范围内，车站平面图如图 4-7 所示。车站为地下两层结构，设备房采用外挂设置，车站外包总长为 164.6m，标准段外包总宽为 30.9m，总建筑面积为 16250m²，共设置 2 组风亭，4 个出入口，其中 2 号出入口包括 2-A 出入口与 2-B 出入口，并在出入口汇合处设置 1 处自然采光井。采用通道形式与规划 7 号线进行换乘，7 号线车站位于交叉路口东侧。

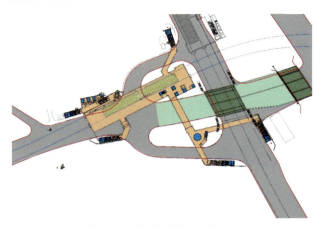

图 4-7　长堽路站总平面图

（4）金湖广场站

图 4-8　金湖广场站周边规划

金湖广场站位于南宁 CBD（中央商务区）中心的金湖广场（原五象广场）东侧，民族大道与金湖东环路交叉路口北侧，沿金湖东环路南北向敷设。站位周边规划以办公及商业金融用地和居民用地为主，周边高层建筑物林立，道路交通车流量较大，金湖广场东下穿道位于车站上方。车站周边规划与环境分别如图 4-8、图 4-9 所示。

金湖广场站为 3、1 号线换乘站，两站采用通道形式换乘。其中，1 号线金湖广场站为地下二层车站，地下一层为站厅层，地下二层为站台层；3 号线金湖广场站为地下四层车站，地下一层为物业层，地下二层为站厅层，地下三层为设备层，地下四层为站台层。两站站厅竖向高差约 5.2m。车站平面如图 4-10 所示。

图 4-9　金湖广场站周边环境

第 4 章 车站建筑设计

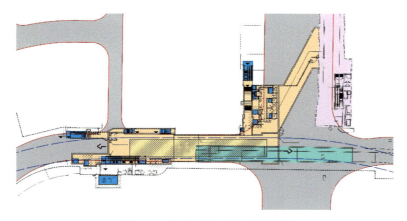

图 4-10　金湖广场车站总平面图

结合 1 号线金湖广场站预留接口位置，3 号线金湖广场站设计时充分考虑了与 1 号线金湖广场站的相对位置关系，将 3 号线金湖广场站尽可能贴近民族大道北侧沿金湖东环路设置，以缩短两站换乘距离，换乘通道设计长度约为 86m。在民族大道周边有限的空间里实现了两站站厅层的相互贯通。同时，1 号线金湖广场站站厅层与 3 号线金湖广场站地下一层物业层可直接连通，给后续的商业发展奠定了基础。

如图 4-11 所示，3 号线金湖广场站换乘通道采用叠层的设计方法，实现了 3 号线金湖广场站地下一、二层同时与 1 号线金湖广场站站厅层连通，通过上下两层方式将两站换乘客流与 1 号线金湖东环路方向进出站客流进行分流，提高了 1 号线金湖东环路方向进出站客流的舒适度，同时也减小了 3 号线金湖广场站站厅层公共区承载客流的压力。

图 4-11　1、3 号线金湖广场站及换乘通道效果图

3 号线金湖广场站设置于金湖东环路与民族大道交叉路口，由于金湖东环路规划路宽仅为 25m，道路两侧地上、地下建（构）筑物密集。其中，金湖东环路东侧为现代国际大

厦、东方曼哈顿办公楼、住宅楼等高层建筑及相应地下室；金湖东环路西侧为金湖广场及金湖广场地下商业空间，如图 4-12 所示。

图 4-12 3 号线金湖广场站站址周边地下建（构）筑物示意图

受场地条件限制，设置于金湖东环路象限的车站出入口、风亭等附属设施采用在车站主体范围内顶出和外挂于车站主体北端的设计形式，以达到出入口、风亭等附属设置要求，满足车站服务功能，如图 4-13 所示。

图 4-13 3 号线金湖广场站金湖东环路两侧出入口

（5）青竹立交站

本站为地下三层车站，局部为四层，是 3 号线与规划 6 号线路的换乘站，位于竹溪大道与锦春路交叉口南侧南宁农工商集团有限责任公司开发地块内，线路垂直于竹溪大道地下敷设，车站呈西北—东南向布置，为双柱车站，如图 4-14 所示。

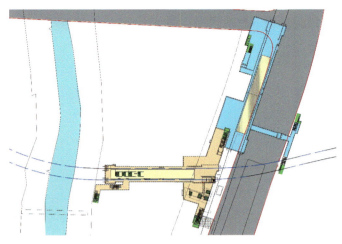

图 4-14 青竹立交站总平面图

车站总长为 163.25m，基坑标准段宽度为 23m，基坑开挖深度约 24.88m；车站紧邻周边水系，基坑开挖范围内存在较厚的高渗透富水圆砾层，地下水的控制和处理是本站的一个重难点，本站采用地下连续墙＋内支撑的支护方案，以解决富水圆砾层基坑支护结构设计难题。车站附属结构紧邻周边建筑，施工风险高，车站采用了地下连续墙、围护桩、旋喷桩等多种支护及软基处理措施，保证工程顺利实施。

此外，由于车站所在地块有较大商业开发价值，车站通过竖装风机、分层布置等方式优化了设计形式，在有限的空间内增大了公共区及换乘空间的面积，同时地下一层通过出入口通道与周边地块物业有机衔接，车站附属也预留了柱网结构，与地面商业建筑合建，使车站与所在地块形成了一个有机的整体。

（6）总部基地站

本站为 3、4 号线换乘站，位于五象大道与凯旋路交叉路口。其中 3 号线部分沿凯旋路呈南北向布置，4 号线部分沿五象大道呈东西向布置。周边道路均实现规划。车站平面如图 4-15 所示。

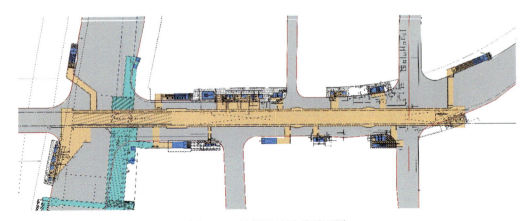

图 4-15 总部基地站总平面图

车站为地下二层结构,地下一层为站厅层,地下二层为站台层,局部为三层。车站南端地下一层及夹层均为商业开发空间。

（7）平良立交站

本站为2、3号线换乘站,位于平乐大道与良玉大道交叉路口综合交通工程正下方,其中3号线车站沿平乐大道呈南北向布置,2号线车站沿良玉大道呈东西向布置。车站平面如图4-16所示。

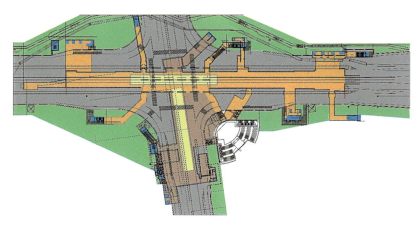

图4-16 平良立交站总平面图

车站为地下二层结构,地下一层为站厅层,地下二层为站台层,局部为三层。车站南端存车线及出入场线上部均为商业开发空间。

4.1.3 车站附属建筑设计

全线车站出入口（图4-17）采用高标准设计,通道结构净宽度达6.5m,车站出入口原则上均设置上、下行扶梯和一部楼梯,保证乘客方便进出车站。

图4-17 出入口设置效果图

全线车站采用高风亭侧出风和低矮风亭顶出风设计,根据各站点地面实际条件,合理选择风亭形式，如图 4-18 与图 4-19 所示。

图 4-18　高风亭设置

图 4-19　低矮风亭设置

4.1.4　车站内部装修概念方案设计

线路文化主题定位为"魅力东盟，绽放绿城"，以"设计为运营，满足车站使用功能"为前提，以低碳、环保、节能、美观为设计原则。

车站内部装修概念方案设计理念以功能标准化为主——以满足施工、使用、维护的基本功能为目的，项目组对全线各站主要材料的种类、规格、施工工法进行标准化、模块化设计；在全线各站装修与其他专业、系统的接口关系中，对同类别的接口采用标准化设计；以文化个性化为辅——在满足功能标准化的前提下，根据线路在城市规划中的地位及沿线地域特征，进行整体文化定位，体现 3 号线的"魅力东盟，绽放绿城"的总体文化个性；为实现车站的个体识别性，作为一种完整的设计创作思路，通过对各站周边环境、区域文化特征的高度提炼，根据车站具体技术条件，运用对模块化材料的组合形式、铺设、包装区域以及色彩的不同设计，运用简洁的设计语言，来体现其适当的区域文化个性。标准车站采用东盟十国标志性建筑及国花进行点缀，每 2 个标准车站采用一种标志性建筑及东盟各国国花，体现与东盟各国的友好关系，特色车站结合站点周边环境进行设计，体现其个性特色。

4.1.5 车站人性化设计

（1）卫生间

全线在站台付费区设卫生间，包含了男、女卫生间及无障碍卫生间，以更好满足乘客的需要。

（2）母婴室

全线在设计之初，就本着关爱妇女儿童的人性化设计理念。因此在全线站台付费区设立母婴室，体现的不仅是对妇女、儿童的尊重和关爱，更是地铁公共服务理念的人性化、一个城市文明程度的标志，亦是现代轨道交通建筑设计中不可忽视的一个要点。

母婴室独立设置，且设置清晰的标识系统。每个母婴室面积不小于 $5m^2$，基本设备设施有哺乳区（含座椅）1 个、婴儿操作台 1 个、垃圾桶 1 个、饮水机 1 台、紧急呼叫按钮 1 个，房间具备换气功能，并配有母婴室标识系统等。

（3）无障碍设施

全线各车站设置了完善的无障碍设施体系，各车站从站台通往站厅设有无障碍电梯，每个站从站厅通往地面都设有垂直电梯及无障碍坡道。

以埌西站为例，该车站共设置 9 个地铁车站出入口（包含 5 个车站出入口、4 个物业出入口），1 个地铁安全出口，3 部垂直电梯。其中 3 部垂直电梯位于金湖南路两侧，可帮助残障人士进入站厅；站厅付费区内设置 1 部垂直电梯，可以帮助残障人士到达站台层。

4.1.6 其他相关设计

1）公共区柱网及楼梯结构柱

公共区通过设计 L 形无柱楼梯（图 4-20～图 4-22），优化了站台的空间布局，与天花板的设计相呼应，进一步提高了空间的通透视觉效果等。

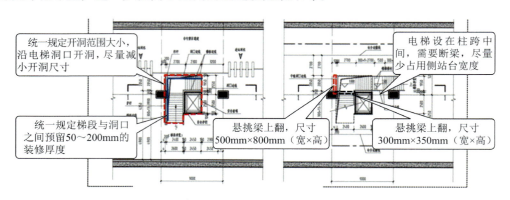

图 4-20 L 形无柱楼梯平面图

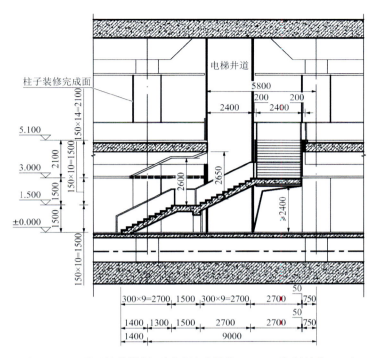

图 4-21 L 形无柱楼梯剖面图（尺寸单位：mm，高程单位：m）

图 4-22 站台 L 形无柱楼梯实景

2）导向系统

车站站台层、站厅层、地面、出入口以及与车站相连的物业开发区、地下步行街、商店、火车站等公共区域，设置了足量、明显而引人注目的导向指示牌（含站区 500m 范围的导向牌），以引导乘客按照最便捷的路线有序流动。

导向指示牌符号、字体、颜色醒目，且简洁明了，制作精致美观，高度及宽度应符合乘客的视觉要求。导向标识设置原则包括以下内容。

（1）导向标识设置前应做好客流组织分析。

（2）导向标识应合理地设置在车站站外、站厅、站台三个部位。
（3）导向标识应设置在与客流方向相垂直的位置，并在导向标识的宽度范围内。
（4）在客流的交叉点、分流点以及客流的转向处，必须设置相应的导向标识。
（5）所有牌体底边距地面统一为 2.5m，以满足视觉观察需求。
（6）导向标识应便于识读，且照明充足。

标准车站导向系统设计与实景分别见图 4-23 与图 4-24。

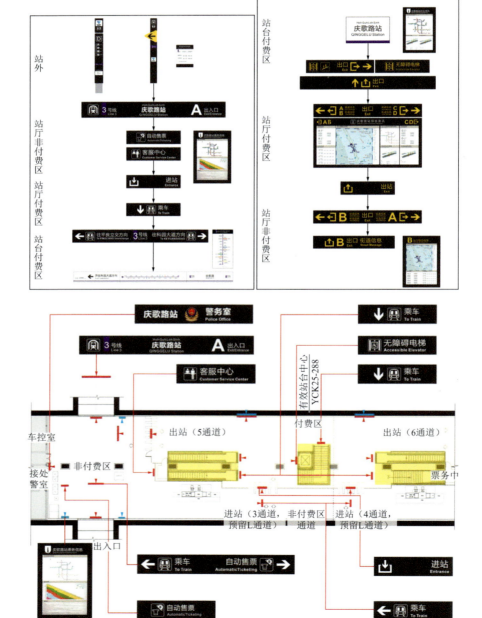

图　4-23

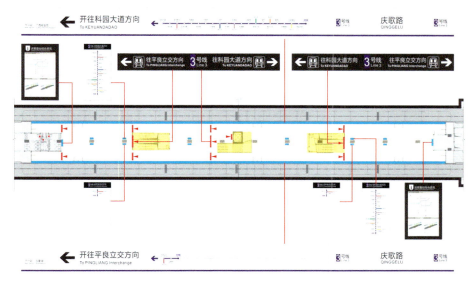

图 4-23　标准车站导向系统示意图

图 4-24　导向系统现场实景

3）车站资源设施

车站资源设施主要指车站公共区内的便民服务设施、广告媒体、自助设备等。

（1）便民服务设施

车站站厅非付费区内，非乘客疏散区域应考虑设置便民服务设施。在非换乘车站，每个车站便民服务设施总面积约为 50m²，基本能满足市民在车站内的一般性服务需求；在换乘车站，如公共区划分为不同防火分区，则每个防火分区设置 50m² 便民服务设施。便民服务设施应优先考虑砌筑式房间，无条件时采用装配式房间。每间面积以 24～50m² 为宜，房间应具备相应环控、给排水、通信和电力条件，房间构件须采用不燃材料，满足消防要求。

（2）广告媒体

车站内设置的广告媒体（包括但不限于灯箱、梯牌、轨行区墙贴、广告看板、电子类媒体、户外广告及其他新媒体）应结合车站特点、车站装修设计和照明设计综合考虑。广告媒体应规范化、统一化，并在低压配电设计时，考虑相应的容量。

（3）自助设备

为满足乘客服务需求，车站站厅非付费区内应设置6~8台自助设备，自助设备须结合车站客流流线及其他设施（如消火栓、疏散指示、导盲带、街区图、AFC系统、配电箱、广告灯箱等）位置综合考虑。

4.2 设计重难点

4.2.1 换乘车站

1）青秀山站

（1）车站设计重难点

①青秀山—市博物馆区间下穿邕江，青秀山风景区地势较高，车站轨面埋深接近50m。

②车站结构形式复杂，车站范围内水文地质条件差，地层渗透性强，承载力低，属极软岩，不利于隧道施工。

③在水文地质条件差的环境下，明挖车站深基坑容易出现失稳、基底涌水等现象，施工风险大。对于暗挖车站，明挖竖井的位置选择是重中之重，而青秀山站为旅游重点区域，使得明挖竖井位置的选择难上加难。

（2）解决方案

①项目组通过走访周边地块，详细了解建（构）筑物构造及产权，在金汇如意坊和秀山花园之间设置明挖竖井，明挖站厅结构选在青秀山管委会前平台区域，避让了金汇如意坊、附近小区、青秀山管委会、青秀山风景区大门、凤岭立交等重要建（构）筑物。

②本站采用明暗挖结合施工方法，并综合利用站位所在山体地形，最大限度减少土方量及工程造价，兼顾了车站功能和工程投资的平衡。针对车站地势高差大的问题，在南宁轨道交通首次采用了山体侧出风亭、高边坡临空面侧出出入口、半埋式垂直电梯及疏散口、挂壁高风亭等多种新型附属设计。

③集约车站断面设计，对断面进行精细化设计，在满足车站功能的前提下，最大限度减小了断面尺寸，降低了车站施工风险。

④对于明暗挖结合车站常存在的站厅分散、车站建筑功能差的特点，本站采用了厅台

错位建筑手法,在用地极为紧张的情况下,保持了单站厅设计;由于四层明挖站厅结构受周边地块限制,同时站点位于景区大门处,为应对客流突增情况,将安检设备布置于出入口通道,减少站厅空间的拥挤压力。

⑤通过对火灾场景及疏散场景的性能化模拟研究,项目组论证了车站设计可以保证车站内人员在烟气发展到人体耐受极限条件之前疏散至安全区域,可以达到消防安全设计目标,并通过了消防局及专家评审。

⑥本站采取了成岩大降深群井降水施工技术、长大桩柱高精度定位及控制技术、软岩地层微扰动机械开挖施工技术、地下群洞立体互通施工组织新技术、超深基坑高效开挖施工组织技术等创新技术。通过这些创新技术确保降水效果良好,实现无水作业环境;围岩变形、地表沉降在规范允许范围内;施工进度快,实现了工期目标。

⑦深埋车站为满足站台层公共区火灾时楼扶梯口处应有不小于 1.5m/s 的向下风速要求,利用车站大系统组合式空调器在站厅层公共区进行机械补风。同时,为了加强车站隧道通风系统的辅助排烟效果,在站台公共区上方的轨顶风道上增设了 2 个 2000mm×1250mm 的电动排烟口,站台公共区发生火灾时打开,平时关闭。

⑧站台至站厅采用一次提升方案,共设置 5 台提升高度约 25.3m 的公共交通重载型自动扶梯(图 4-25),相较多次提升方案,这种方式减小了车站土建规模。青秀山站超大提升高度的自动扶梯在扶梯上水平段主机正下方设置电动机支撑,加强了主机底座安装强度;上机房设置主机位移检测装置,在检测到主机有移动或倾斜时能够及时停梯,避免事故的发生;增加扶手带辅助驱动装置,有效解决因摩擦力过大引起的扶手带与梯级不同步的问题。青秀山站站台至站厅自动扶梯倾斜角度为 27.3°,坡度更加平缓,乘坐更加舒适,同时也减小了与楼梯的高差,更加安全美观。

图 4-25 站台至站厅层扶梯

⑨青秀山主废水泵房设置于站台层,提升高度(加上水头损失)约 80m;若采用高扬程、低流量的潜水泵,设备选型困难,提升效率低;通过将废水泵房与废水池分开设置,废水提升采用干式泵(即外置于泵房内),经提升后排至室外排水管网。污水泵房设置于站

台层，提升高度约60m；污水采用半真空污水提升装置，经济提升高度约40m；由于设备一次提升高度不满足要求，故采用两次提升方式，即在北端竖向地下四层增设一套半真空污水提升设备；站台层污水一次经半真空设备提升到北端竖井污水泵房的污水管，经二次提升排至室外市政污水管网。

⑩暗挖站台层在保证使用功能前提下，兼顾投资与安全性，利用建筑信息模型（BIM）建模并模拟综合管线碰撞，尽量做到既经济安全，又满足使用功能，如图4-26所示。

2）金湖广场站

（1）1号线预留节点因素控制

1号线金湖广场站结构已基本实施完成并预留北侧换乘节点，南侧已无接入换乘通道的条件。受此因素控制，3号线金湖广场站站位设置需充分考虑与1号线车站的位置关系，使3号线车站尽可能靠民族大道北侧沿金湖东环路设置。1号线预留节点如图4-27所示。

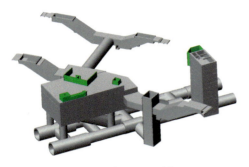

图4-26 车站BIM模型

图4-27 1号线预留节点

（2）1号线区间高程限制因素控制

1号线沿民族大道东西向敷设，在金湖广场站与3号线交叉，1号线金湖广场站为地下两层车站，线路出站后金湖广场段管片底埋深在16.46～20.72m，如图4-28所示。受此因素控制，3号线金湖广场站车站埋深需充分考虑与1号线区间的位置关系。

第 4 章 车站建筑设计

图 4-28 1 号线区间管片位置示意图

（3）金湖东地道位置因素控制

新建金湖东地道位于金湖东环路与民族大道交叉路口下方，东地道在民族大道北侧敞口段长 60m，底板高程为 68.881～75.590m，如图 4-29 所示。车站站位及换乘通道需充分考虑与金湖东地道的位置关系。

（4）金湖广场地下商业空间、现代国际大厦及东方曼哈顿办公楼地下室因素控制

金湖广场以民族大道为横向轴线，分为南广场和北广场，广场周边地块沿南北向中轴线对称布置。北广场为地下两层，地下一层为商业，地下二层为地下停车场及部分商业，面积约 45000m²；南广场为地下一层，全为商业空间，面积约 25000m²。金湖北广场地下商业空间东侧边线距规划道路红线 6.0m。在金湖广场东北象限对车站站位有控制因素的建筑包括：东方曼哈顿办公楼（26 层），设有两层地下室，并且地下室向西外扩 3m，与金湖广场地下商业空间边线距离为 35.8m；现代国际大厦（28 层），设有一层地下室，其地下室向西外扩 7m，与金湖广场地下商业空间边线距离为 38.7m。车站方案设计需整体考虑与金湖北广场地下商业空间、现代国际大厦及东方曼哈顿地下室的位置关系。

（5）区间穿越金湖东环路北端农业银行及金湖东环路南端地方税务局桩基高程因素控制

金湖东环路北侧农业银行裙楼桩基（图 4-30）基础底高程为 51.45m，主楼桩基基础底高程为 50.85m；金湖东环路南端地税局裙楼桩基（图 4-31）基础高程为 55.12m。如站位设置于金湖北广场东侧沿金湖东环路敷设，区间线路需考虑避让这两座建筑桩基。

图 4-29　金湖东地道位置示意图

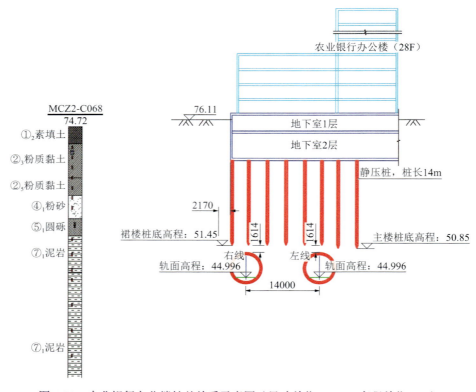

图 4-30　农业银行办公楼桩基关系示意图（尺寸单位：mm；高程单位：m）

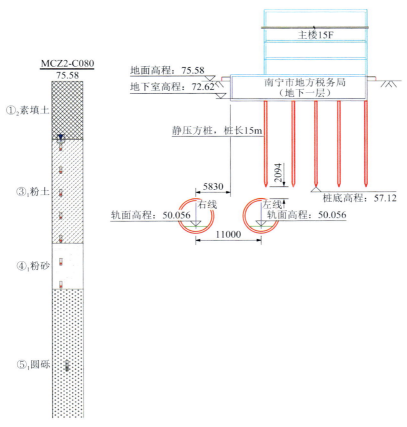

图 4-31　南宁市地方税务局桩基关系示意图（尺寸单位：mm；高程单位：m）

3）长堽路站

长堽路站为 3、7 号线换乘站，两站采用通道换乘，车站位于长堽路与规划建安路的交叉路口北侧，沿规划建安路南北向设置，主体局部位于规划长湖—长堽立交匝道范围内。该站为地下二层岛式车站，地下一层为站厅层，地下二层为站台层，主要设备管理用房采用外挂设置。车站 B 出入口分设为 B1 出入口与 B2 出入口，并在出入口汇合处设置一处自然采光井。

长堽路站车站位于规划长湖—长堽立交及规划建安路下方，规划长湖—长堽立交设计有一处下穿道及两处匝道，均尚未实施。站位周边现状为大片民房及厂房，车站西北端为长堽路三里一巷，是长堽—东沟岭片区居民进出的重要道路之一。长堽路南侧为湘桂铁路。结合车站站位现状及规划情况，为减小车站实施对长堽路三里一巷的影响，将车站长度大幅度压缩，由原设计 216m 缩短至 164.6m，避开长堽路三里一巷，主要设备管理用房采用外挂形式，车站结构调整为三柱四跨结构。

地下一层为车站站厅层，公共区分为非付费区和付费区两部分，付费区设置在公共区中间，非付费区设置在两端，两端非付费区通过 4.9m 的通道相连。付费区与非付费区之间设有进、出闸机及固定栅栏进行分隔，在非付费区内设有足够的乘客集散空间，布置有自动售票机、验票机，并设置有四个出入口。在付费区内设有 3 组楼扶梯和一台无障碍电梯，其中两组设置上、下行扶梯各一部及一部楼梯，中部楼梯与无障碍电梯合建。

站厅层公共区两端为设备管理用房区，主要有环控机房、环控电控室、电缆间、照明配电室、风道等。主要设备管理用房设置于公共区中部下侧结构外挂区，主要有车站控制室、站长室、综合监控设备室、票务管理室、警务监控机房、接处警室、AFC 设备室及更衣室等。

地下二层为车站站台层，主要设备管理用房同样设置于中部下侧结构外挂区。地下一层站厅层平面与地下二层站台层平面分别如图 4-32 与图 4-33 所示。

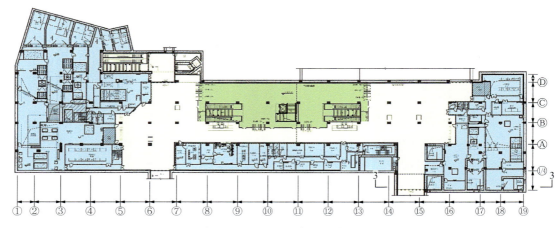

图 4-32　地下一层站厅层平面图

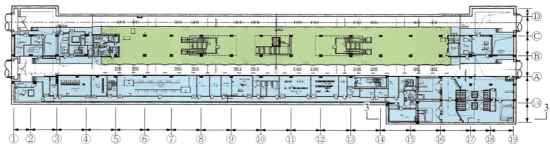

图 4-33　地下二层站台层平面图

本站设计特点及重难点可以归纳为以下几个方面：

（1）因地制宜设计车站，对站址周边环境进行充分分析，减小车站建设对居民出行的影响。

车站如按标准车站进行设计，则车站主体横跨长堽路三里一巷，主体实施时需对长堽路三里一巷进行临时导改，对区域居民出行影响极大，且增加了车站主体施工的工序及措施，延长了施工工期。考虑到上述因素，结合立交用地范围较大，对车站设计方案进行调整，压缩车站长度，使车站主体施工围挡调整至长堽路三里一巷范围外，车站结构调整为三柱四跨结构，主要设备管理用房采用外挂形式，车站标准段宽度由 21.7m 调整至 30.9m。

（2）因地制宜设计车站，合理分析地形地貌，利用地势设计车站附属结构。

本站 B 出入口跨规划长湖—长堽立交下穿道，到立交西侧围岛分设 B1 及 B2 号出入口，B1 出入口设置于立交 A 匝道东侧双龙实业地块内，B2 出入口设置于跨长堽路，靠道路南侧设置，出入口通道最长超过 170m。通过增设自然采光，可进一步节约能源，降低车站运营成本，同时设置中庭空间（图 4-34），增加通道转换的层次感，赋予长通道空间多样性，可有效缓解乘客长距离步行的疲乏感，因通道上方覆土较厚，加上通道较长，中庭空间可有效减小覆土厚度，有利于出入口通道结构受力。

4）东葛路站

东葛路站位于长湖路与东葛路交叉口下方，沿长湖路方向南北布置。站位周边高层建筑林立，主要有岭南家园小区、南城百货、东长小区等建筑，且均设有地下室，部分地下室均有外扩，站位所在道路路面交通繁忙，车流量大，如图 4-35 所示。

图 4-34　中庭及采光天井实拍图　　　　图 4-35　站位周边环境

对本站设计影响最大的控制因素是位于地下沿东葛路东西方向敷设的埋深 10.0m、截面尺寸 6m×5m 的混凝土雨污合流暗渠及埋深 8.6m、直径 2.8m 的混凝土污水管等市政大型管线，如图 4-36 所示。

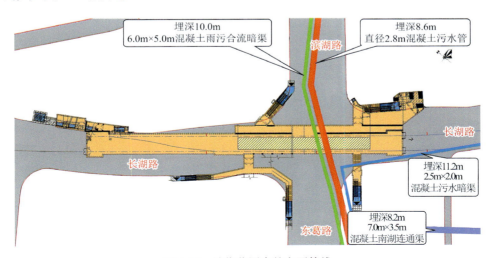

图 4-36　站位范围内的主要管线

由于市政管线的影响，对跨路口管线进行局部迁改（图4-37、图4-38），车站主体跨路口部分设计成单层结构形式。

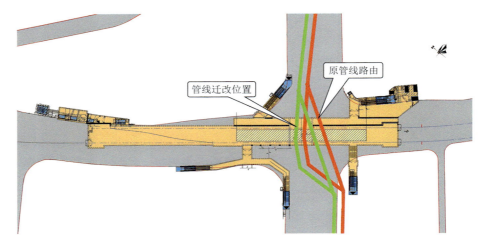

图4-37　跨路口管线迁改平面示意图

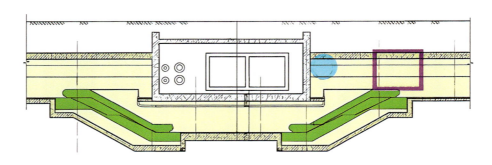

图4-38　跨路口管线迁改横剖面示意图

结合市政管线改迁方案，车站主体部分采用单层结构，站厅采用端进式的设计形式。车站站厅层（地下一层）分成左右两部分，公共区通过联络通道连接，左端为公共区、设备用房区及管理用房区三部分，右端为公共区、设备用房区两部分，见图4-39。站台层（地下二层）采用常规设计，中部为公共区，两端为设备及管理用房区，见图4-40。

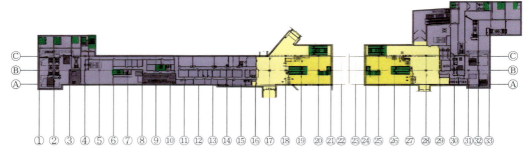

图4-39　车站站厅层平面图

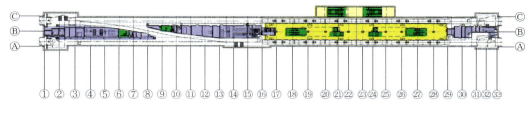

图 4-40 车站站台层平面图

4.2.2 车站地面附属造型

车站出入口设计延续了原出入口"壮锦"的设计元素,整体设计简洁、大方,具有鲜明的民族特色。车站地面附属造型设计重难点为:①车站的飞顶要在能够实现功能的前提下,满足审美要求,设计得更有创意、美感,体现文化特色;②风亭组的造型能够跟环境融合,并且跟城市功能的整体规划相协调。

1)出入口设计重难点

车站出入口设计重难点主要体现为两个方面:①标准车站出入口造型设计如何结合民族特色和现代性的问题;②对于确实无条件实施有盖出入口的车站,车站出入口如何设置才能满足实际的使用需求。

全线车站出入口大部分为有盖出入口,但部分车站受周边条件限制,采用无顶盖出入口形式。

(1)有盖出入口

目前,国内各城市地铁车站地面出入口普遍采用以功能实用性为主的设计,造型简单,满足基本的防雨等功能要求。

出入口设计延续了1号线站内"壮锦"的设计理念,出入口采用铝板、石材加玻璃为整体装修材料。口部设计了以铝板为材料的壮锦丝印造型,使整个出入口的识别性更强,顶面材料为铝板;尾部材料为石材,出入口两侧以玻璃为主,使整个出入口罩棚更通透明亮,如图 4-41 与图 4-42 所示。

关于出入口造型设计的详细介绍,详见 4.2.3 节。

图 4-41 车站标准出入口效果图

图 4-42 车站标准出入口实景

（2）无盖出入口

部分车站如东葛路站等，由于周边建筑物条件的限制，部分出入口设置为无盖出入口。设置无盖出入口主要有以下两种情况：①设置有盖出入口将对周边建筑物产生较大影响。由于大部分车站穿越繁华市区，周边高楼林立，建筑物密集，且与道路人行道距离近，若设置有盖出入口，将对沿街建筑物形成遮挡，特别是对沿街商铺影响较大，因此采用无盖出入口设计，视线更为通透。②出入口与道路的关系。车站出入口由于现场条件不足，侵入道路红线，或是位于道路拐角处，影响行车视距，采用无盖出入口可有效减少对道路行车视线的不利影响。

（3）无盖出入口设计要点：无盖出入口面临防雨、防滑等问题，具体设计时，各无盖出入口均采用了防滑铺砖等措施。对于与周边建筑物距离过近产生的消防问题，可结合建筑防火改造方案一并考虑。

（4）设计要点

出入口室内外高差为450mm，高差适宜，在满足防涝要求的同时不至于过高。

出入口色彩运用不宜过多，主要材料为米白色铝板、浅黄色花岗岩及透明玻璃，色调以白色为主，出入口应具有较强的识别性。

出入口应在满足乘客使用功能及规范的前提下，尽可能与周边环境融合，特别是民族大道沿线站点，应保持与城市景观风貌的和谐，车站出入口尽量平行道路设置，与街道景观相协调。

2）地面风亭、冷却塔、紧急疏散口设计重难点

（1）整体装修风格与周边环境相融合

车站高风亭整体装修分两种风格：一是整体装修以石材和陶棍为主要装饰材料，整体风格与周边环境融合，冷却塔主要以陶棍为装饰材料，外侧采用铝板的浪花造型作为装饰，整个冷却塔好似广场上的建筑装饰小品（图4-43～图4-46）。沿民族大道站点以外的其他站点采用了此装修风格。

图4-43　干挂石材高风亭效果图

图 4-44 冷却塔效果图

图 4-45 干挂石材高风亭

图 4-46 冷却塔

（2）设计要点

结合道路绿化景观设计高风亭、冷却塔外立面，以与周边环境统一协调。风亭和冷却塔噪声应满足环评和相关批复要求，避免对周围环境造成过大影响。

4.2.3 车站其他设施

1）出入口与道路高程设计问题

1号线车站设计过程中，曾出现车站出入口高程与市政道路人行道高程不协调的问题，下面以长堽路站、东沟岭站及大鸡村站为例对车站出入口优化设计进行介绍。

（1）长堽路站出入口优化设计经验

长堽路站位于长堽路与规划建安路的交叉路口北侧，沿规划建安路南北向设置，规划建安路晚于车站建设，车站西北端现状为长堽路三里一巷，是长堽—东沟岭片区居民进出的主要道路之一。车站北端沿规划建安路设置有两个出入口，分别为Ⅰ号出入口、Ⅳ号出入口，出入口高程均按规划道路取值。其中Ⅰ号出入口设计高程为 83.7m，现状道路高程为 88.8m，高差约 5m，出入口建设需对现状道路地面进行挖方，规划道路实施前局部进行挖方，存在积水雨天倒灌的风险，且出入口实施需对长堽路三里一巷进行临时断路围闭，对区域交通影响较大，故I号出入口考虑与规划道路同步施工，近期缓建。IV号出入口（图 4-47）设计高程为 85.1m，现状长堽路三里一巷道路高程为 87.5m，高差约 2.4m，IV号出入口为车站开通的必要出入口。为满足IV号出入口的客流吸引及疏散功能，在出入口前方增设临时接驳通道与接驳楼梯，实现出入口与长堽路三里一巷顺接，接驳通道与接驳楼梯长约 28m，其中接驳楼梯设置两个梯段，提升高度共 2.4m，接驳通道两侧设置安全栏杆，通道上方预留排水沟。

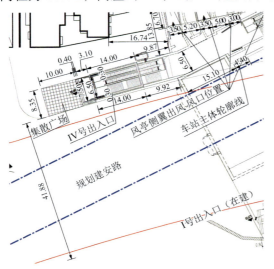

图 4-47 长堽路站IV号出入口平面图（尺寸单位：m）

（2）东沟岭站出入口优化设计经验

东沟岭站位于规划衡阳东路与规划沙江路、建安路的交叉路口，规划道路路面与现状路面高差较大，车站依据规划道路高程进行设计，车站出入口口部均高出现状地面。由于车站先于规划路建设，车站施工完毕后顶板上方覆土先期回填至顶板以上不小于 2m，出入口、风亭四周先期按规划道路高程进行回填，如图 4-48～图 4-51 所示。

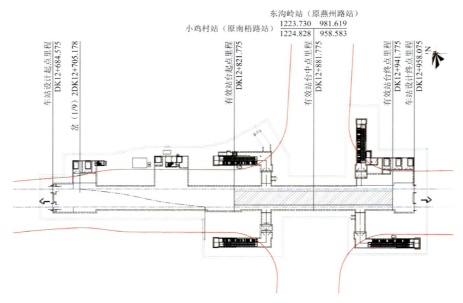

图 4-48 东沟岭站先期回填总平面图

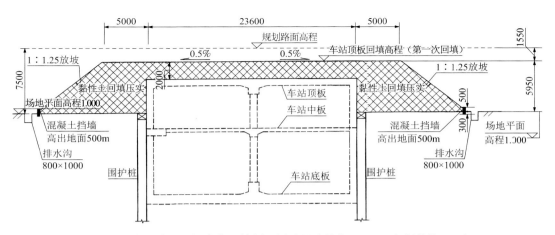

图 4-49 东沟岭站顶板先期回填剖面图（尺寸单位：mm，高程单位：m）

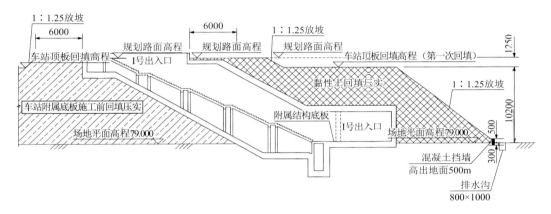

图 4-50 东沟岭站出入口先期回填剖面图（尺寸单位：mm，高程单位：m）

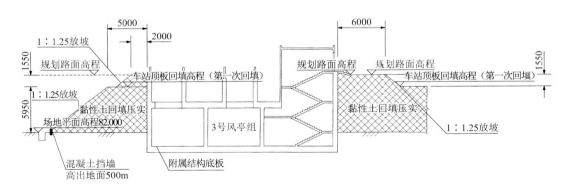

图 4-51 东沟岭站风亭、安全出入口先期回填剖面图（尺寸单位：mm，高程单位：m）

在车站周边道路未实现规划的情况下，乘客无法正常进出车站，初期运营本站考虑越站运营，但应保证在小鸡村—长堽路区间借用本站进行紧急疏散。结合现场场地条件，Ⅱ号出入口周边基本回填到位，集散广场增设接驳楼梯至回填面，紧急情况下，乘客通过Ⅰ号出入口疏散至室外安全区域，如图 4-52 所示。

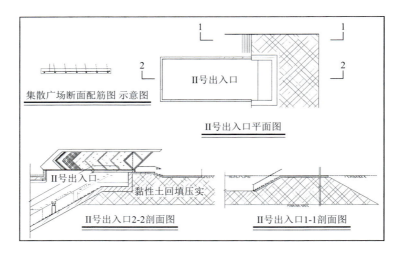

图 4-52 东沟岭站Ⅱ号出入口接驳

（3）大鸡村站出入口优化设计经验

如图 4-53 所示，大鸡村站位于规划沙江路及规划金桥大道交叉路口，车站沿规划金桥大道路中敷设，规划金桥大道与规划沙江路存在道路设计坡度，同时由于车站先于规划道路建设，车站主体及附属高程依据规划道路的设计高程进行设计。

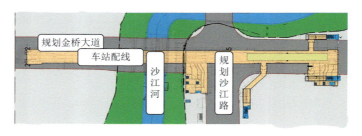

图 4-53 大鸡村站车站与规划道路等的位置关系

如图 4-54～图 4-57 所示，车站出入口先于规划道路建设，同时由于规划道路纵向及横向均有坡度，待规划道路建设时，出入口集散广场高程与规划道路的人行道高程衔接段存在高差，现场通过台阶、排水孔及排水暗沟等措施，集散广场与人行道进行接驳，保证乘客能顺利安全进出车站，同时保证出入口集散广场的污水排至附近市政管网。

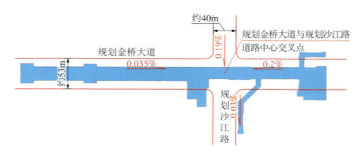

图 4-54 大鸡村站车站与规划道路坡度的关系

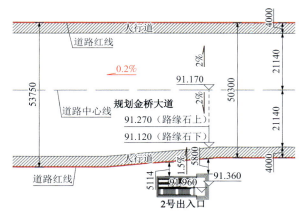

图 4-55　大鸡村站出入口与规划金桥大道道路坡度的平面关系图（尺寸单位：mm；高程单位：m）

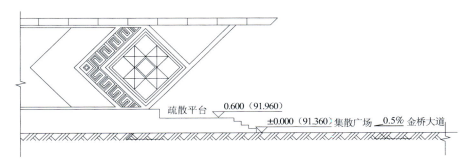

图 4-56　大鸡村站出入口与规划金桥大道道路坡度的剖面关系图（高程单位：m）

图 4-57　大鸡村站出入口

（4）对后续线路建设的启发

车站地面附属设计需在前期考虑与市政路面的高程关系。与地面的衔接分为按现状不进行整修的路面及同步实施整修的路面，对于前者，设计前应与施工单位对接，详细测量地面高程数据，并对人行道坡度，周边地形及与周围环境的关系进行全面细致的分析，以免在施工完成后出现衔接上的问题。

对于规划整改或者确定同步实施的市政道路工程，须确保各工程之间设计的无缝衔接，及时交换设计资料，及时对接，对可能存在的衔接问题做出准确的预判，业主、设计及施工各方密切配合，及时解决现场施工问题。

2）出入口顶棚防水处理

目前，以铝板为吊顶的出入口罩棚多采用打胶的密封形式，根据方案的特殊性和实用性需求，设计方案对顶面打胶也作出了特殊的要求。中性硅酮耐候密封胶的黏结力强，拉伸强度大，同时又具有耐候性、抗震性，以及防潮、抗臭气和适应冷热变化大的特点。根据多个城市应用情况的调查后，设计明确顶棚采用中性硅酮耐候密封胶进行密封处理。

出入口顶部铝板、尾部石材、玻璃均采用中性硅酮耐候密封胶做防水密封处理，西段为加强顶部防水在出入口顶部增加不锈钢板二次防水。

为了保证外观的完整性，确保调整工程量较小，设计人员对出入口顶棚顶部的打胶部位进行了细化设计，并根据实际情况，对建成后顶棚防水效果不理想的出入口，重新进行打胶处理。

4.2.4 出入口外立面

出入口设计延续了站内"壮锦"的设计元素，采用铝板、石材加玻璃作为整体装修材料。出入口的整体设计风格简洁、大方，具有鲜明的民族特色，与周边环境相融合，并保证了南宁市轨道交通线路的地面附属装修设计的统一性。出入口建筑设计植根于城市，与南宁城市文脉相结合，将城市最具代表性的地域特色运用到构思立意与实施中。车站出入口与其他城市景观一起，塑造城市形象，提高环境品质，成为城市文化的重要载体。车站出入口的建筑形式体现了南宁市的城市风貌和地域特色，成为城市轨道交通线网的标识，将成为这座城市的新名片。提炼壮锦图案片段，利用平面构成手法，在车站出入口建筑立面上做平面化设计，更直观突出地域特色，如图 4-58 与图 4-59 所示。

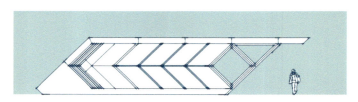

图 4-58　车站出入口融入壮锦元素

图 4-59　车站出入口立面造型

4.2.5 地铁车站周边物业衔接

（1）总部基地站

本站为3、4号线换乘站（图4-60），位于五象大道与凯旋路交叉路口，周边道路均实现规划。路口西南象限为五象航洋城项目，在车站C出入口设置接驳通道。

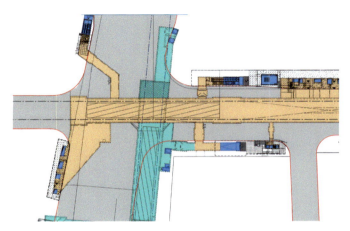

图4-60　总部基地站接口位置示意图

（2）平良立交站

本站为2、3号线换乘站，位于平乐大道与良玉大道交叉路口。路口西北、东北及东南象限均设置有物业接口，其中西北象限为合景天汇项目，与车站B出口连通，东北象限为宝能五象湖项目，与车站F出口连通，东南象限为华润万象汇项目，与车站E出口连通。本站在西南象限还设置有地下一层的下沉广场，与新村停车场上盖物业开发部分连道，如图4-61所示。

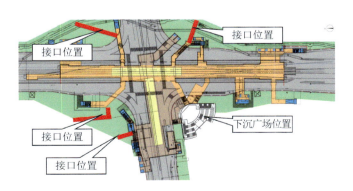

图4-61　平良立交站物业接口示意图

4.2.6 复杂地貌下车站附属结构

1）邕武路站

邕武路站位于安武大道与邕武路交叉路口，车站沿规划安武大道路中敷设，本车站设计重难点如下。

（1）利用多种结构形式解决附属结构与周边地块高差问题

如图 4-62 所示，邕武路站周边地形高差较大，附属结构距离房屋较近，围护结构的设置不仅要满足施工期间的受力需求，还需结合后期地面恢复高程及范围统筹考虑围护结构设计。针对后期地面恢复高程高于现状地面的情况，邕武路站附属结构设计过程中结合周边建（构）筑物情况及地面恢复范围，考虑采用挡土墙结构以及放坡的形式；针对后期地面恢复高程低于现状地面的问题，邕武路站附属结构设计过程中结合周边建（构）筑物情况及地面恢复范围，考虑围护结构兼作永久挡土桩及单独设置扶壁式挡土墙的结构形式。邕武路站附属结构设计通过充分考虑与周边环境的衔接，避免了车站附属结构对周边环境造成不良影响，为市民提供了良好的出行体验。

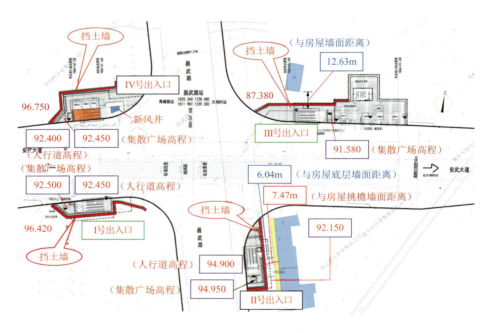

图 4-62　邕武路站总平面示意图（高程单位：m）

（2）包容性设计解决附属存在已建设和未建设道路及现状高差较大情况

邕武路站位于安武大道与邕武路的交叉路口正下方，安武大道规划路宽 54m，邕武路规划路宽 43m，并且开始建设施工，安武大道北侧已经建设施工，南侧尚未建设施工。Ⅲ号出入口及 2 号风亭组位于安武大道南侧的东边路侧，车站附属主体施工时，安武大道南侧道路未施工，同时与东南侧地块存在较大高差，道路设计资料存在不稳定因素，经过多次与道路业主及相关单位协调对接，最大、最紧张的问题是地铁建设要先于道路建设。在满足车站出入口相关规范要求进行设计的同时，车站采用包容性设计顺接市政道路，与道路人行道有序融合，低矮风亭组及地面式冷却塔等利用绿篱等相关植被的景观遮挡，在安武大道上形成一道靓丽的风景线，如图 4-63 与图 4-64 所示。

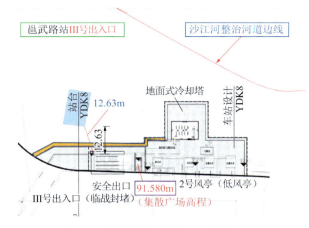

图 4-63　邕武路站Ⅲ号出入口平面示意图

图 4-64　邕武路站Ⅲ号出入口

2）青秀山站

青秀山站位于南宁凤岭南路与青山路交叉路口以西，横跨凤岭南路布置。本站为深埋站，站台层采用暗挖法施工，站厅及设备层采用明挖法施工。

（1）利用多种结构形式解决附属结构与周边地块高差问题

青秀山站周边地形高差较大，围护结构的设置不仅要满足施工期间的受力需求，还需结合后期地面恢复高程及范围统筹考虑围护结构设计。青秀山站附属结构设计过程中结合周边建（构）筑物情况及地面恢复范围，考虑围护结构兼作永久挡土桩及单独设置扶壁式挡土墙的结构形式。青秀山站附属结构设计通过充分考虑与周边环境的衔接，避免了车站附属结构对周边环境造成不良影响，为市民提供了良好的出行体验。车站总平面图与三维透视图分别见图 4-65 与图 4-66。

（2）集散广场采用"X"形衔接方式，解决出入口位置道路坡度较大衔接问题

由于凤岭南路自北向南坡度为 5.47%，相应人行道坡度也为 5.47%，为方便乘客出行，出入口集散广场坡度不宜过大，为顺接人行道，采用"X"形衔接方式，集散广场设 3%坡度，在集散广场中部区域与人行道高程一致，两端通过找坡顺接人行道，Ⅰ号出入口平面与

剖面分别如图 4-67 与图 4-68 所示。

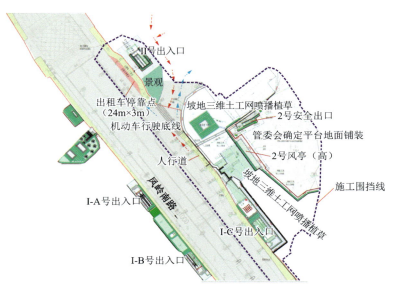

图 4-65　青秀山站总平面示意图

图 4-66　青秀山站三维透视图

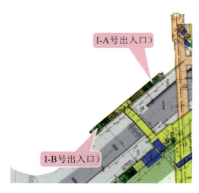

图 4-67　青秀山站I号出入口平面示意图

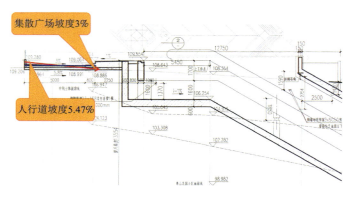

图 4-68　青秀山站I号出入口剖面示意图

（3）充分考虑出入口与周边建筑关系，减少对青秀山景区入口及地下车库流线影响

出入口台阶与周边地形差异较大，项目组针对广场沿垂直出入口方向坡度较大的问题，采用斜向台阶递增方案无缝衔接。Ⅱ号出入口平面与出入口周边衔接如图4-69与图4-70所示。

（4）针对车站地势高差大的问题，青秀山站采用了山体侧出风亭、高边坡临空面侧出出入口、半埋式垂直电梯及疏散口、挂壁高风亭（图4-71）等多种新型附属结构设计，弱化出地面体量，减少对景区景观的影响。

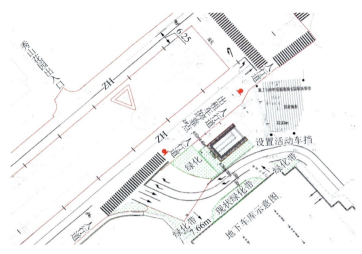

图4-69　青秀山站Ⅱ号出入口平面示意图（尺寸单位：m）

图4-70　青秀山站Ⅱ号出入口周边衔接

图4-71　青秀山站高风亭

4.3　小结

4.3.1　车站

本线全部车站遵循标准化的设计原则，车站整体方案力求标准化，车站设计风格力求

统一性。

车站的总体设计标准在一定程度上对车站的设计品质有较大的提升，例如标准车站站台宽度采用11m单柱布置，从最后的实际使用效果上看，可满足一般站点的客流集散需求，经济性较好；L形无柱楼梯的设计进一步释放了站台的空间，使得站台天花一体化更加强烈，从而加强了空间的通透视觉效果。

换乘车站根据车站实际条件，采用通道换乘、站台节点换乘等多种换乘形式。车站换乘方案的多样性也为后续线路车站的设计提供了参考价值，积累了一定的经验。

4.3.2 装修

为了体现了"魅力东盟，绽放绿城"的主题，本线在以满足轨道交通使用功能为前提进行车站装修设计。主体风格延续建筑设计的特点，突出功能，满足简约、环保、人性化的设计要求，本线提取壮族特色干栏式建筑与东南亚坡屋顶建筑造型特点的元素运用到天花造型上，来表现整个车站公共空间，天花分为A区和B区进行设计，管线较少区域的B区天花高程略高于A区，使整个站厅公共空间更加通透、明亮，尽量减小地下空间的压抑感，整体空间简洁、大气、优雅，将设计美感与功能完美结合。

4.3.3 地面

地面附属结构设计的主要特点是出入口设计继续融入"壮锦"元素，风亭组、冷却塔、紧急疏散口的整体装修风格保持一致，从而保证了南宁市轨道交通线路的地面附属装修设计的统一性，整体装修风格简洁、大方，具有鲜明的民族特色，并且整体的装修风格与周边环境相融合。

第 5 章

区间结构设计

5.1 工程概况

3号线一期工程区间隧道自南向北穿越多种南宁地区典型地层：

（1）渗透系数大、富水性较好的圆砾层；

（2）渗透系数小、地下水贫乏、地层稳定性好的古近系泥岩层；

（3）未扰动前强度较高，但遇水易软化成"流沙状"，扰动后强度急剧下降的古近系粉砂岩；

（4）存在岩溶的灰岩层。

根据不同的工程地质条件、地面环境及覆土埋深等情况，区间隧道工程分别采用盾构法、浅埋暗挖法、明挖法等多种施工工法。

全线正线区间隧道下穿南宁多个城中村和城市交通干道，地质条件非常复杂，大多地段下穿富水圆砾层、泥岩层、粉砂岩层，局部下穿淤泥、砂层、黏性土层等，且地面交通繁忙，地下管线繁多，施工风险较大。为了减少房屋拆迁、管线迁改、交通疏解等工程量，确保工程的顺利进展，正线区间均采用盾构法进行施工。新村停车场出入场线左右线局部穿越的地层基本为含砾石黏土、灰岩，在采取大口径短间距深井降水方案后，地层稳定性较好，采用浅埋暗挖法施工；心圩车辆段出入段线自地下转地上区间的过渡段局部采用明挖法施工，其穿越的地层基本为粉质黏土、粉细砂、粉土，地下水丰富，采用地下连续墙作为围护结构后采用明挖法施工。具体的区间施工工法详见表5-1。

3号线一期工程区间隧道汇总表　　　表5-1

序号	区间	区间长度（m）	线路敷设方式	工法	主要穿越地层
1	科园大道—创业路	1196.532	地下	盾构法	粉质黏土、圆砾
2	创业路—安吉客运站	1323.221	地下	盾构法	圆砾，局部泥岩
3	安吉客运站—北湖北路	1678.883	地下	盾构法	泥岩，局部圆砾
4	北湖北路—秀峰路	1309.504	地下	盾构法	软塑粉质黏土、圆砾
5	秀峰路—邕武路	741.782	地下	盾构法	泥岩
6	邕武路—大鸡村	719.2	地下	盾构法	
7	大鸡村—兴桂路	1062.083	地下	盾构法	
8	兴桂路—小鸡村	734.606	地下	盾构法	
9	小鸡村—东沟岭	893.328	地下	盾构法	
10	东沟岭—长堽路	826.509	地下	盾构法	
11	长堽路—东葛路	542.123	地下	盾构法	软塑粉质黏土、泥岩
12	东葛路—滨湖路	957.8	地下	盾构法	软塑粉质黏土、圆砾
13	滨湖路—金湖广场	1233.19	地下	盾构法	圆砾、泥岩、粉砂岩

续上表

序号	区间	区间长度（m）	线路敷设方式	工法	主要穿越地层
14	金湖广场—埌西	574.709	地下	盾构法	粉土、圆砾
15	埌西—青竹立交	792.29	地下	盾构法	粉土、圆砾
16	青竹立交—青秀山	732.584	地下	盾构法	泥岩、粉砂岩，局部圆砾
17	青秀山—市博物馆	1990.831	地下	盾构法	
18	市博物馆—总部基地	684.732	地下	盾构法	圆砾、粉质黏土、泥岩、粉砂岩、泥灰岩、钙质泥岩
19	总部基地—广西规划馆	727.09	地下	盾构法	硅质岩、泥灰岩
20	广西规划馆—庆歌路	727.072	地下	盾构法	泥灰岩
21	庆歌路—五象湖	1130.718	地下	盾构法	硅质岩、泥质粉砂岩、角砾土
22	五象湖—平良立交	1115.121	地下	盾构法	黏土
23	心圩车辆段出入段线（不含U形槽）	1256.064	地下	盾构＋明挖法（1091.064＋165）	淤泥质土、黏土
24	新村停车场出入场线（不含U形槽）	1585.538	地下	盾构＋明挖法（1282.138＋303.4）	灰岩、含砾石黏土
合计		468.4		明挖法	—
		24067.113		盾构法	—

5.2 设计成果

5.2.1 盾构法区间隧道设计

科园大道—安吉客运站区间以及北湖北路—秀峰路区间隧道穿越的地层主要为圆砾层，地下水丰富，安吉客运站—北湖北路区间、秀峰路—东葛路区间隧道主要穿越泥岩层，东葛路—青竹立交区间主要穿越圆砾层，地下水丰富；青竹立交—市博物馆区间主要穿越泥岩层、粉砂岩层；市博物馆—五象湖主要穿越泥灰岩、硅质岩，五象湖—平良立交主要穿越黏土。创业路—安吉客运站区间、邕武路—大鸡村区间、兴桂路—小鸡村区间主要穿越城中村落；青秀山—市博物馆穿越邕江，其他区间多下穿市政道路，局部下穿建（构）筑物。3号线一期工程22个正线区间均采用盾构法施工。

（1）盾构隧道计算模型

由于管片环与环之间一般采用错缝拼装，计算模型的选择必须考虑管片接头部位抗弯刚度的下降、环间剪切键等对隧道结构总体刚度的补强作用。目前，针对管片接头处理方法的不同，管片计算模型主要有均质圆环模型（惯用计算法）、等效刚度圆环模型（修正惯用计算法）、自由铰圆环模型、弹性铰圆环模型四种。本线设计采用修正惯用计算法进行分析，其计算模型如图 5-1 所示。

修正惯用计算法是将衬砌圆环考虑为弹性匀质圆环，用小于 1 的刚度折减系数η来体现管片接头的影响，不具体考虑接头的位置，用曲梁单元模拟刚度折减后的衬砌圆，按三角形抗力模拟结构与地层间的相互作用，取单环管片进行计算，计算结构内力M、N，然后考虑错缝拼装后的整体补强效果，进行弯矩分配。管片内力：计算的弯矩为$(1+\xi)M$，轴力为N；接头内力：计算的弯矩为$(1-\xi)M$，轴力为N；ξ为弯矩增大系数。

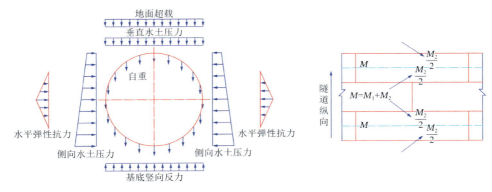

图 5-1 修正惯用设计法计算模型

（2）盾构隧道设计

盾构隧道衬砌采用 300mm 厚 C50 防水钢筋混凝土预制单层管片。根据建筑限界要求，隧道有效内径为 5200mm，考虑测量和施工误差及不均匀沉降等因素，管片采用外直径 6000mm、内直径 5400mm 的截面形式，管片分块均为 6 块（CP、KP、BP、A1P、A2P、A3P），隧道断面如图 5-2 所示。

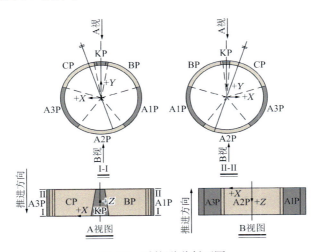

图 5-2 盾构隧道断面图

在国内的地铁工程中，盾构隧道衬砌一般采用 1.2m、1.5m 两种宽度的管片。从管片搬运、拼装以及曲线段的施工等角度出发，管片宽度应取小值，但是从结构防水、加快施工进度角度考虑，管片宽度应取大值。国内地铁盾构隧道的管片宽度经历了一个发展过程，从上海地铁的 1m 宽逐步加宽到广州地铁的 1.5m 宽。其中广州地铁 1 号线、南京地铁 1 号线、北京地铁 5 号线又采用了 1.2m 的宽度。国内地铁盾构隧道管片宽度与直径的比值基本维持在 0.2~0.25 之间。南宁市轨道交通 1、2 号线均采用 1.5m 宽管片。经过分析比较，3 号线一期工程的盾构隧道沿用 1.5m 宽管片，加快了盾构机的掘进速度，减少了管片接缝，也减少了地下水的渗漏点。

盾构管片模式主要采用楔形环和通用环模式，楔形管片环系通过标准环、左转弯环、右转弯环的组合管片实现线路的曲线拟合，楔形管片环需要三种独立管片模具配合管片生产，对管片生产组织要求较高，需根据施工进度计划合理安排各管片生产计划，管片生产灵活性较差，对生产计划管理要求较高，需要较大的管片堆存场地。通用管片环系通过盾构管片在 360°范围内旋转管片来实现线路的曲线拟合，通用管片环只有一种管片生产模具，模具通用性强，对管片生产组织较灵活。但从施工角度来说，当通用管片环的封顶块在 6 点位置左右时，管片封顶块的拼装非常困难。通用管片环在区线段及施工偏差纠偏等地段，需根据每环的偏移量进行计算曲线拟合来选择下环管片拼装角度位置，对施工管理要求高，也因管片选择不够合理造成管片间缝隙较大，容易造成管片环间渗漏水，通用管片环在直线隧道需通过左右对称拼装来实现直线拟合，对直线隧道长度占比较大而曲线隧道占比相对较小的线路施工较麻烦且更加不适用。借鉴其他城市的地铁建设经验，经比选分析，本线采用楔形管片环模式。

对于规划道路尚未建设的区间段，如邕武路—大鸡村区间、兴桂路—小鸡村—东沟岭区间隧道，地铁设计及施工前下穿的道路大部分均为规划道路，尚未施工，计算时须考虑后期规划道路实施后覆土的增加及道路施工的影响，否则可能会导致管片配筋因不满足内力要求出现开裂错台等情况。本线开通后，部分规划道路已经实施完成，从运营的反馈情况来看，未出现管片开裂错台的情况，这说明设计提前考虑覆土及道路施工超载的影响进行计算配筋是正确合理的。邕武路—大鸡村区间隧道最大受力工况计算的内力情况如图 5-3 和图 5-4 所示。

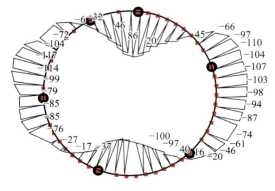

图 5-3　管片弯矩图（单位：kN·m）

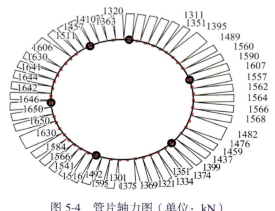

图 5-4　管片轴力图（单位：kN）

5.2.2 明挖法区间隧道设计

新村停车场出入场线局部及心圩车辆段出入段线出地面过渡段是全线唯一采用明挖法的区间隧道。新村停车场出入场线左右线局部与规划 3 号线南延线左右线四线并行，出入场线局部区间线间距小，采用明挖法施工，出入场线地下转地上区间的过渡段亦采用明挖法施工；心圩车辆段出入段线自地下转地上区间的过渡段，覆土相对较浅，采用明挖顺作法施工。

（1）明挖法计算模型

明挖法区间隧道计算方法与车站明挖结构相同，均采用荷载结构模型有限杆单元法进行计算，按底板支撑在弹性地基上的平面框架进行内力分析。用布置于节点上的 gap 模型来模拟地基与底板的相互约束；gap 模型受压反力即为地基对底板的弹性抗力。

采用 SAP 对主体进行有限元分析，计算模型如图 5-5 所示。

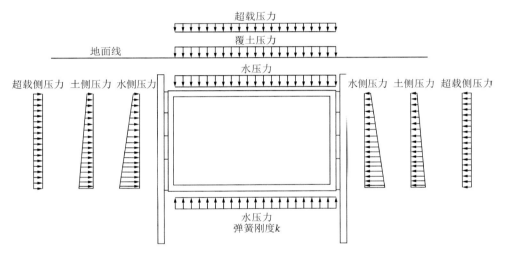

图 5-5 明挖区间结构计算简图

（2）新村停车场出入场线明挖段

新村停车场出入场线区间出平良立交站后向南敷设，后转弯向西敷设接入新村停车场。出入场线区间中间段采用盾构法施工，区间两端为明挖法施工。周边地质条件较好，采用钻孔灌注桩＋内支撑的围护结构，明挖顺作法施工。

（3）心圩车辆段出入段线明挖段

如图 5-6 所示，出入段线明挖段主要位于新际路西侧空地内，局部位于振兴路与新际路路口。主要的影响建（构）筑物为基坑东南角（振兴路与新际路路口处）的 110kV 林城相线 39 号高压线塔（高压线塔距离基坑 13.22m）和一根 DN1000（埋深 2.7m）的雨水管，DN1000 的雨水管在明挖段处局部迁改至基坑东端范围外。

出入段线明挖段主要位于粉质黏土层、粉砂层、圆砾层，地下水丰富，围护结构选用

600mm 地下连续墙＋内支撑方案，与主体形成复合式结构。

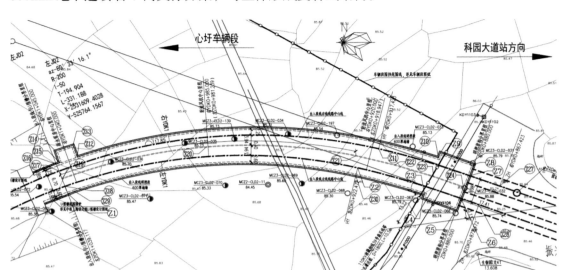

图 5-6　出入段线明挖段围护结构平面图

5.2.3　联络通道及盾构端头加固设计

沿线区间穿越南宁地区典型地层，项目组在设计时针对不同的地层采用对应的盾构端头和联络通道加固工法。

（1）区间盾构端头基本位于泥岩层、泥岩粉砂岩层时，地层较为简单，均采用素桩加固，辅以降水的措施，处于该地层的联络通道采用超前小导管辅助工法进行暗挖施工。

（2）区间盾构端头基本位于填土层、黏土层，地层稳定性一般，采用旋喷桩加固土体，辅以降水的措施。

（3）区间端头位于富水地层时，通过系统研究及论证，并基于成功经验，基本推广采用密闭钢套筒始发或接收，辅以降水的措施。

（4）区间联络通道处在富水圆砾地层时，在此地层进行联络通道暗挖施工，透水塌方的风险极大，在总结经验教训并经系统研究论证，基本推广采用了安全可靠的冷冻法，确保了施工安全。

5.3　设计重难点

5.3.1　区间预埋滑槽技术应用

结合目前已建成的南宁市轨道交通 1、2 号线现状及国内其他城市轨道交通建设情况，隧道中电缆、管线、设备安装采用传统打孔施工，导致隧道千疮百孔、渗漏水严重、维修保养困难等问题。

针对上述问题,已有个别线路应用预埋滑槽技术来改进传统人工打孔造成的种种弊病,如深圳地铁 9 号线于 2014 年采用盾构隧道管片预埋滑槽技术,该项技术的核心是在盾构管片生产阶段同步预埋好金属滑槽,待管片拼装隧道成形后应用滑槽来替代传统化学锚栓并配合金属支架,实现后期设备及管线的安装。

为确保线路建设工程质量,提高盾构管片结构的耐久性和机电安装施工的便捷性,项目组对上海、深圳两地在建线路采用的"预埋滑槽"技术进行调研,包括以下内容:

(1)预埋滑槽的主要技术标准的应用情况,重点关注耐久性、耐火性、防腐性能等。

(2)预埋滑槽的应用技术在盾构隧道应用的优缺点(包含设备安装、管片预制、现场拼装等方面)。

(3)管片预制、养护、运输、拼装过程中对预埋滑槽的注意事项。

(4)深圳、上海已敷设预埋滑槽的主要供货商相关技术情况。

经过前期充分的调研论证,南宁市轨道交通在 3 号线一期工程首次引入应用区间预埋滑槽技术。该技术在国内轨道交通应用较少,相关规范、标准尚未完善,确保该预埋滑槽技术的成功应用是设计的重难点。

5.3.2 近距离下穿建筑物保护

如图 5-7 和图 5-8 所示,兴桂路—小鸡村区间穿越小鸡村的大量村民房屋。房屋为村民自建房,结构状态参差不齐,无设计基础资料,仅有基础访问资料。村落周边地面环境复杂,高差变化大。根据访问调查资料,盾构与房屋桩基础极为接近,甚至有与桩基础冲突的情况。小鸡村居住着众多村民及租客,无论是对房屋的保护或拆迁,或者是盾构施工,都面临着重大的安全风险。

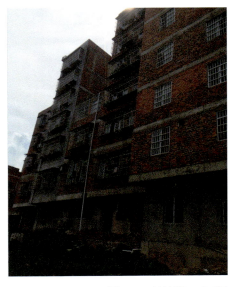

图 5-7 兴桂路—小鸡村区间下穿民房现状图

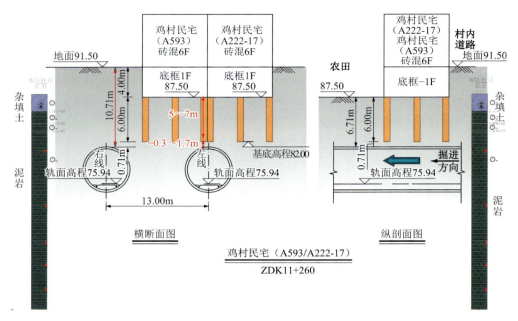

图 5-8 兴桂路—小鸡村区间隧道与民房剖面关系图（高程单位：m）

针对以上情况，项目组提出了对房屋桩基础进行准确定位及探查的要求，研究了相应的探查方案，如图 5-9 所示。

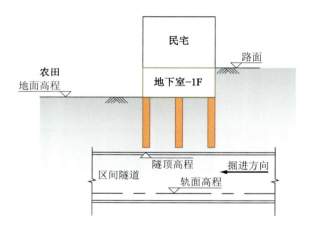

图 5-9 桩底基底探测方案图

同时，项目组对盾构下穿的每一栋房屋进行数值分析，采取针对性建筑物保护措施。精细化设计为盾构安全顺利地完成下穿作业提供了重要支撑，最大限度地减少对村民生活及环境的影响。

5.3.3 密闭套筒始发接收技术系统性应用

在南宁地区常见的富含水圆砾、粉细砂、粉砂地层，盾构始发与接收为工程实施的重难点。针对此类情况，本线从 1 号线个别区间工程引进钢套筒密闭始发与接收施工工艺。

钢套筒密闭始发与接收工艺技术可靠,相对常规端头加固工艺有较大的优势,然而该技术在南宁地区应用实践时间较短,其技术实施过程中还需要磨合与适应。针对该情况,设计组在建设期间对该工艺进行了深入研究,总结类似工程案例的经验,从设计的角度提出了辅助措施和合理化建议,并形成了密闭始发(接收)技术要求。

技术要求对密闭套筒始发接收技术的一般步序进行了梳理,明确各步序关键点及参数要求,另外对始发或接收时的辅助措施,如降水、洞内注浆等提出了明确的要求及规定,最后亦提出了注意事项及各检测要求。

通过形成南宁市轨道交通3号线一期工程密闭始发(接收)技术要求,为钢套筒密闭始发与接收技术于全线进行推广提供了技术支撑,实现了安全、系统的技术应用。

5.3.4 深埋暗挖隧道洞内盾构接收

常规状态下明挖车站端头盾构井处接收空间已预留足够,端头加固措施可有效实施,车站端墙结构刚度大,不易受盾构机推力影响。

青秀山站为超深埋车站,车站的站台层为暗挖隧道,盾构机需在暗挖隧道内进行接收工作(图5-10)。在超深埋暗挖隧道内进行盾构接收,有以下特点:①接收场地有限。②端头加固措施难以实施。③暗挖隧道及其堵头墙受盾构机推力影响复杂。

图5-10 暗挖隧道内盾构接收洞门

为确保盾构机在暗挖隧道能安全顺利接收,接收处设置采用玻璃纤维筋的堵头墙,允许盾构机刀盘直接切割堵头墙后出洞;充分利用车站实施时的降水井,对端头位置地下水位进行控制,并于暗挖隧道内对端头处土体进行玻璃纤维锚管注浆加固;通过数值分析,研究接收时盾构机刀盘推力对暗挖隧道及其堵头墙的影响,对盾构机推力提出控制要求。

通过以上设计，最终实现深埋暗挖隧道洞内盾构接收。

5.3.5 下穿已运营轨道交通

金湖广场—埌西区间隧道周边环境及水文地质情况极为复杂，近距离侧穿多栋高大建筑物，同时下穿既有 1 号线南湖广场—金湖广场区间隧道及金湖东地道，如图 5-11 所示。

盾构下穿风险分析：

（1）下穿区附近建（构）筑物密集。下穿区有金湖东过街通道、金湖广场及下沉商场广场，周边建（构）筑物为多层和高层，下穿施工易引起周边建（构）筑物沉降，施工中需严格控制施工场地周边垂直、水平位移变形。

图 5-11　金湖东地道与 3 号线和 1 号线位置关系平面示意图

（2）下穿区域地层多次加固处理。1 号线盾构隧道结构施工和金湖东过街通道施工中均对周边地层进行加固处理。其中，金湖东过街通道施工时对 1 号线盾构隧道周边区域进行了旋喷桩加固（图 5-12）。下穿区地质加固处理后土质结构成分复杂，地层土质力学性能变化较大，不利于盾构掘进施工控制。

（3）近距离下穿既有地铁隧道、过街通道、盾构接收端。3 号线金湖广场—埌西区间隧道距 1 号线区间隧道垂直最小间距为 5.7m，距金湖东过街通道垂直最小间距为 14.8m。金湖南地下商场与右线水平距离 4.5m，垂直距离 14.5m。下穿段距盾构接收端头 33.21m。按照《城市轨道交通结构安全保护技术规范》（CJJ/T 202—2013）的规定，对于 1 号线隧道结构，区间盾构隧道下穿施工非常接近外部施工，且位于显著影响区。

（4）下穿区域地质软硬不均匀。隧道洞身主要穿越地层为圆砾地层，底部存在少量泥岩层和泥质粉砂岩层。区间水位埋深 7.90～8.80m，主要为裂隙水，具有弱承压性。隧道穿越区域地层变化较大且地下水具有承压性，不利于掘进施工控制。

（5）下穿区段隧道曲线半径较小。3 号线隧道下穿 1 号线隧道区段为小半径曲线掘进，最小曲线半径为 300m，盾构机在小曲线掘进施工控制方向较难。

（6）下穿施工限速对 1 号线客运影响较大。3 号线隧道下穿 1 号线隧道施工过程中，为确保 1 号线运营安全，1 号线将采用限速措施，对客运运输服务及列车图定时刻的执行将产生影响。在施工期间若出现 1 号线隧道结构沉降变形过大或者导致结构损坏等问题，将直接导致轨道几何尺寸、接触网悬高发生变化，产生列车受电不良问题，可能导致列车限速通行或地铁列车运营中断、车辆设备损伤等问题。

综合分析 3 号线隧道盾构施工对 1 号线的影响，主要采用以下保护措施：

（1）采取洞内注浆（洞顶 150°范围，ϕ32 钢花管，注水泥-水玻璃双液浆）对隧道拱部地层进行注浆加固,如图 5-12 所示。在管片增设注浆孔,打设小导管对管片外地层进行深层注浆加固。

(2)采用泥水平衡盾构施工,下穿 1 号线施工时,对 1 号线采用自动化监测。

(3)加强施工监测与信息化施工,根据监测,调整盾构施工参数,确保建(构)筑物的稳定。

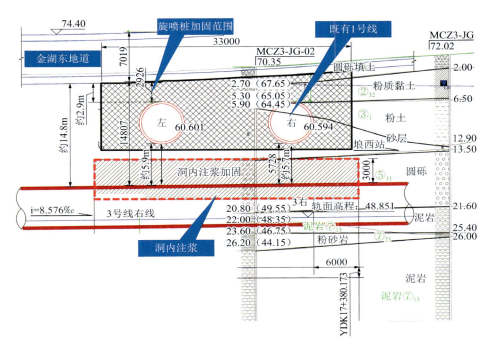

图 5-12　1 号线(南湖—金湖广场区间)加固图(高程单位:m)

5.3.6　下穿高铁

长堽路—东葛路区间正下穿柳南城际铁路(柳南城际)、南广高速铁路(南广高铁)。柳南城际是广西壮族自治区第一条城际铁路,线路全长 226km,设计速度 250km/h,区间线路穿越处设计速度为 120km/h;南广高铁经过广东省和广西壮族自治区,设计速度 200～250km/h,区间线路穿越处设计速度为 110km/h。

股道段的区间隧道穿越土层为④$_{1-1}$粉砂、⑦$_{1-2}$泥岩层,隧道顶部土层自上而下分别为①$_1$圆砾填土、①$_2$素填土、④$_{1-1}$粉砂。隧顶覆土厚度在 6.1～9.7m:

(1)设计思路

①采用软件模拟未采取任何加固措施时盾构穿越铁路股道时产生的影响,确定是否需要采取保护措施;②收集国内外盾构机成功穿越铁路股道的案例,分析并汇总各种保护措施的优劣性;③对比各种加固方案,结合本工程实际情况,提出因地制宜的加固方案;④使用软件模拟采取加固措施后盾构穿越铁路股道所产生的影响,根据计算结果及实际情况反复

调整计算模型直至满足要求；⑤提出科学合理的自动化监测方案及应急预案以应对不利情况发生。三维数值模拟网格模型如图 5-13 所示。

图 5-13　三维数值模拟网格模型

（2）现场实施效果

从现场监测情况来看，各监测项目阶段变化量、累计沉降量及变化速率较小，均在控制值以内；另外，该工程成功穿越柳南城际、南广高铁，创造了盾构平均每天掘进 10 环的穿越高铁的掘进新速度，显著节省了工期，确保了春运期间铁路的正常运行；同时也创造了下穿高铁时各控制监测项目累计变化量均控制在 2.00mm 以内的历史好成绩，保证了施工过程中高铁运营安全。

此外，"弹性地基梁＋D 型便梁"的方案不仅节省了盾构下穿铁路轨道的掘进工期，在轨道沉降及差异沉降的控制上也表现非常好，同时考虑到弹性地基梁相对桩基不仅工艺较简单、不需要大型机械进场，还能实现分段施工，充分利用天窗时间，该方案值得在其他铁路保护方案中推广。

5.3.7　穿越挡土桩、护壁桩

（1）设计方案

长堽路—东葛路区间隧道下穿柳南城际、南广高铁后，下穿东西向高架快速路及其辅道挡土桩。东西向快速路为高架桥＋下沉式辅道的形式，盾构隧道下穿处的辅道比路基低 6.85～7.44m，辅道挡土桩采用 ϕ1800mm@4000mm 钻孔灌注桩，桩长 21m。辅道挡土桩成为盾构隧道穿越段的障碍桩，共有 4 根障碍桩侵入隧道，侵入隧道内的桩身长度约 9.7m。同时盾构隧道上方邻近铁路和高架桥，对施工的沉降控制要求较高。

东葛路—滨湖路区间隧道下穿南湖连通渠，南湖连通渠是 U 形结构，两侧设置 ϕ1.5m 护壁桩（图 5-14），该位置处区间隧道穿地层为软塑状粉质黏土层。

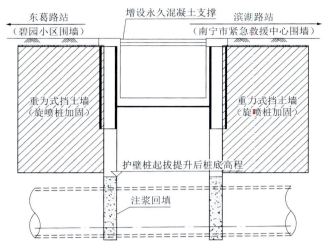

图 5-14 区间隧道穿越南湖连通渠护壁桩处置关系图

（2）桩处理方式

通过对国内一些经典案例的研究，项目组最终根据工程实际情况采用拔桩的处理方式，在拔桩之前均需采用预加固的方式保证既有结构及周边环境的安全，然后采用一种障碍桩快速起拔装配式反力架系统。如图 5-15 所示，该系统由下至上分别为桩体锚固、地表硬化层、反力架底座、立柱、反力架托架、大型叠合梁、千斤顶支撑架、液压提升千斤顶。该系统可实现障碍桩的快速拔桩清障，对边坡的影响小，另外，由于该设备是装配式钢架结构，对于施工场地的要求低，运输也会更加方便。

图 5-15 障碍桩快速起拔装配式反力架系统

（3）现场实施效果

从现场实际情况以及监测数据来看，这种障碍桩快速起拔装配式反力架系统在狭窄空间条件下具有较好的适应性，能在一定程度上有效缩短工期。同时障碍桩的拔桩技术主要有桩周摩阻消除、桩身锚索锚固、桩体提升与桩底同步回灌等，该方案可节约工期并减弱拔桩过程中对周边环境的影响。

5.3.8 穿越岩溶区

市博物馆站以南区间勘察范围内可溶性岩分布范围广，且地下水活动频繁，岩溶较发育，溶洞大小不一，主要为充填性溶洞，个别为空洞，溶洞充填物主要为软塑至可塑状黏性土及稍密状中粗砂，局部含硬塑状黏性土和灰岩溶蚀碎块；溶洞发育不规律，有的钻孔内溶洞呈串珠状发育。岩溶发育区盾构机掘进有栽头等风险，严重影响工程建设安全，甚至会由于溶洞在地下水作用下发展而严重影响后期线路运营的安全。

经过总体组、工点设计的研究，结合岩溶处理专家审查意见，最终确定了岩溶处理的原则、范围以及做法。

1）处理原则

盾构隧道岩溶处理遵循以地面、机（盾构机）内预处理相结合为主，洞内预留措施处理为辅的原则，防止盾构施工的"栽头""陷落"、地表沉降过大或坍塌的事故的发生，降低工后差异沉降，满足运营安全。

2）溶土洞的处理范围

在满足列车高速运行条件和地基承载力要求的基础上，溶土洞的处理范围应根据岩面以上土层性质、岩体的特性、溶洞的填充情况等综合判断，一般情况下可参照以下要求执行：

（1）当工程处在岩溶区段时，为了保证施工期间的安全和使用期间的正常运营，所有勘察资料揭露的工程影响范围内的土洞必须处理。

（2）溶（土）洞处理范围取结构轮廓外 3m，隧道底板以下 5m，隧道顶板以上 3m 范围内的溶洞。

3）处理做法

（1）地面溶（土）洞采用充填注浆的方法进行处理。

① 根据溶（土）洞的充填情况进行调整；未填充、半填充溶（土）洞采用水泥砂浆进行注浆充填；全填充溶（土）洞应根据填充物的情况确定是否处理。流塑、软塑状黏性土采用注浆充填处理；原则对硬塑黏土不做处理。

② 充填注浆需根据溶（土）洞所处的深度、地层条件分别采用振动沉管及钻孔埋管进行注浆。

a. 埋深较浅、围岩为角砾土层的土洞可采用振动沉管方式进行充填注浆。

b. 溶洞需采用先成孔、后埋入注浆管，并注意封闭溶洞顶板及注浆管与孔壁间的间隙后才能注浆。

③ 根据溶（土）洞的规模进行不同处理措施的调整。

a. 对于洞径大于 2m 的无填充、半填充溶（土）洞，宜先采用水泥砂浆进行填充，再采用水泥浆进行压力注浆填充;采用该方法施工前需进行试验确定溶洞内压力是否可满足注浆要求,如无法进行填充处理,可改为标准注水泥浆及双液浆处理。

b. 对于洞径小于 2m 的无填充、半填充溶(土)洞,采用水泥浆进行压力注浆填充。

④ 规模较大的溶洞、其范围已超出结构设定的安全限界时,可先在安全限界(隧道轮廓外放 3m)钻孔,注水泥水玻璃双液浆控制边界、其余内圈孔注水泥浆单液浆,减少注浆的范围及注浆量。

⑤ 充填注浆需边注浆边摸查溶(土)洞的规模及处理后的状态。

a. 摸查方法:根据注浆量及注浆孔所检测到的溶(土)洞洞径、初步估算溶(土)洞的规模,向周边布设检查孔。

b. 检查孔需注意检查溶洞的延展状况外,尚需检查注浆充填状况,发现注浆不饱满的需利用检查孔继续注浆。

(2)溶沟、溶槽及破碎带(含岩溶坍塌区)采用固结注浆进行处理。

固结注浆需采用"前进式"或"后退式"分段注浆,注浆深度需从结构底板上 3m 至结构底板下不少于 5m。

(3)施工前应进行现场注浆试验,注浆参数根据试验情况进行调整。注浆量和注浆有效范围通过现场试验确定。

(4)溶(土)洞的充填注浆不应采用袖阀管注浆,宜采用花管注浆,进入盾构隧道通过范围的花管材质应采用便于盾构刀盘切割破除、不影响盾构正常掘进的材质。

(5)设计方案应有地下水控制措施,控制突涌水和防止坍塌措施。

4)盾构机内对溶(土)洞的预处理

(1)由于岩溶地区工程地质条件复杂、城区内受交通、管线、建(构)筑物的影响,较难全面开展与探明岩溶的发育状况,因此对参与岩溶地区盾构隧道施工的单位需配置(盾构)机内超前探测的仪器与机械设备(小型钻机)。

(2)机内配置的超前探测仪器或设备,每次探测距离应不少于 15m、探测范围应不少于隧道结构外 3m。

(3)在岩溶地区盾构掘进前需进行超前探测、当掘进到超前探测距离前 3~5m 需再向前进行超前探测,即超前探测应"交叉"3~5m。

(4)采用机械(小型钻机)设备进行超前探测时、每个断面需施工不少于 6 个探测孔,分别向掘进前方及前下方,重点探测掘进方向前下方有无导致盾构机掘进时发生"栽头""陷落"的溶(土)洞。

(5)超前探测发现需处理的溶(土)洞时、可根据实际施工条件选择地面或洞(机)内处理方法,在有条件时、优先采用地面处理方法。

(6)盾构隧道预加固应以地面预处理为主,洞内预处理为辅的原则进行软基与液化砂层的处理方案设计,以降低工后差异沉降带来的结构安全。

5.4 小结

（1）对于处于富水圆砾地层的车站端头，钢套筒密闭始发与接收工艺的应用在全线得到了全面推广。项目组通过深入研究、总结经验，从设计的角度提出了辅助措施和合理化建议，并形成密闭始发（接收）技术要求，为后续线路的应用提供指导。

（2）区间联络通道处在富水圆砾地层中，进行联络通道地层常规注浆加固，加固质量较难保证，暗挖施工透水塌方的风险大，在总结经验教训并经研究论证，全线已基本推广应用水平冷冻法加固地层的方案，达到了安全可靠的目标。

（3）本线选取了 3 个区间作为试验段，在区间盾构管片生产时预埋槽道，隧道内各专业调整优化其支架设计，通过 T 形螺栓将支架固定于预埋滑槽上，成功应用预埋滑槽技术，为后续线路大规模推广应用该技术提供了重要的理论基础及应用经验。

（4）区间与建（构）筑物支护冲突，常规做法多为凿除桩基，该方法对原支护体系影响较大。对桩基的上拔并对其支护体系进行改造加固的方案的实现，为后续类似地下障碍桩的处置提供了新的思路。

（5）本线多个区间成功采用土压平衡盾构于泥岩层中大规模下穿房屋建（构）筑物，地面及房屋的沉降值控制在允许范围值内，为后续线路盾构选型提供了经验参考。

（6）本线在南邕江以南部分区间穿越岩溶地层，设计根据岩溶特点，基于施工安全及运营稳定的要求，经过总体组、工点设计的研究及专家审查，最终确定了岩溶处理的原则、范围以及做法，为后续线路处理类似岩溶地层提供经验及参考。

第 6 章

结构与防水设计

第 6 章 结构与防水设计

6.1 设计成果

6.1.1 车站主体结构设计

1）车站主体结构形式

3 号线一期工程地下车站结构形式总体比较规则,除青秀山站外其余均采用矩形框架结构形式,其中长堽路站受道路工程影响将设备房外挂设置为岛式站台双层四跨结构;小鸡村站、总部基地站、平良立交站均为换乘车站,设置为双层三跨结构;金湖广场站为 1、3 号线换乘站,同时受穿越既有 1 号线区间及下沉式车行隧道影响设置为四层三跨结构;安吉客运站、青竹立交站为均为三层三跨结构;青秀山站受线路埋深 65m 影响,采用分离岛式明暗挖结合车站,站台采用马蹄形暗挖形式,站厅设置为四层四跨结构。大鸡村站需下穿规划沙江河景观河道,配线段采用单层拱形结构断面。平良立交站为与上部半下沉式市政隧道结合一体设计,闭合段采用矩形框架结构,所有车站主体结构与围护结构均采用脱开的叠合式结构,主体结构全外包柔性防水层。部分车站结构断面如图 6-1~图 6-3 所示。

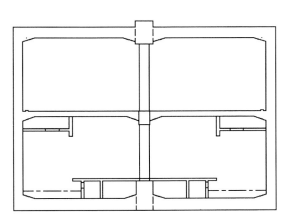

图 6-1 岛式站台双层单柱标准车站结构断面图(部分车站)

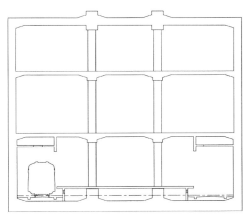

图 6-2 岛式站台三层双柱车站结构断面图(部分车站)

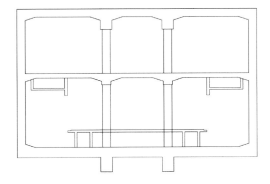

图 6-3 岛式站台双层三跨车站结构断面图(局部车站)

2）结构断面

车站结构断面尺寸与结构布置及所承担的荷载有关，影响因素非常多，如车站埋深、立柱和纵梁的设置、跨度、内衬墙与围护结构的结合方式等，因而各个车站在结构分析与计算基础上而确定的结构尺寸存在不同程度上差别，车站侧墙的尺寸差异较大，而不同车站的中板、顶板和底板相对来说比较接近，特别是对于结构形式相同的车站更是如此。

3）顶板覆土厚度

除青竹立交站外，其余车站均位于城市道路下方，且大部分横跨十字交叉路口，车站顶板覆土厚度直接影响车站的埋深，除需考虑工程规模经济性外，尚需考虑给后续城市建设发展预留管线通过条件及浅覆土地面车辆振动对结构的不利影响。道路下方车站主体结构顶板覆土厚度一般情况按不小于3m、困难地段不小于2m的标准进行设计，地面坡度大的车站采用阶梯形高差结构形式，减少结构顶板覆土厚度以减小工程投资，各站具体覆土厚度详见表6-1。

4）施工方法

科园大道—邕武区间线路沿振兴路—安武大道敷设，振兴路—安武大道两边为民房、住宅小区或产业园区，交通流量中等、道路宽敞、建筑物密集度低，该段道路车站具备围挡明挖施工条件，均采用明挖法施工。

大鸡村站位于规划沙江路上，规划道路尚未建设施工，周边仅有少量民宅；兴桂路站位于金宁路上，周边为同步建设的金源城；两个车站均具备明挖条件，采用明挖法施工。

小鸡村站位于南梧路与金禾路十字路口，南梧路为出城主干道，交通繁忙、周边建筑老旧且紧邻道路建设，金禾为南北向道路，北段为规划道路未实现，现状为小鸡村民宅，该站采用不减少车道交通疏解的局部盖挖法施工。

东沟岭站位于长堽三里一巷内，规划道路尚未建设施工，周边仅有少量民宅及广西电力职业技术学院；长堽路站位于长堽路与长湖路延长线十字路口，其中长湖路延长线未实现规划，车站位于未实现规划道路上，两个车站均具备明挖条件，采用明挖法施工。

东葛路—琅西区间线路沿长湖路—金湖路敷设，周边均为成熟商业及住宅区，具有道路狭窄、公交车路线多、人流密集的特点，但周边路网完善，具备区域交通疏解条件，该段实施多采用封路全明挖施工结合区域交通疏解。

青竹立交站位于竹溪大道北侧云星钱隆地块内，该地块开发与车站建设基本同步；青秀山站位于凤岭南路青秀山景区西门门口，由于该站埋深较大，采用明暗挖结合工法，其中明挖部分均位于道路两侧地块或绿地内；两个车站均具备明挖条件，采用明挖法施工。

市博物馆—平良立交区间位于彩凤路—平乐大道上，全路段均处于南宁重点开发的五象新区范围内。现状道路宽度较宽，两侧有约20m的景观绿化带，且周边地块多处于开发阶段，具备占道后借一还一的实施条件，均采用明挖法施工。

第6章 结构与防水设计

车站结构型式汇总表

表6-1

序号	车站名称	顶板覆土 (m)	车站长度 (m)	车站宽度标准断面 (m)	基底埋深 (m) 最大值	基底埋深 (m) 最小值	基底埋深 (m) 标准断面	主体结构形式（标准断面）	主体结构尺寸 (m) 侧墙	主体结构尺寸 (m) 顶板	主体结构尺寸 (m) 中板	主体结构尺寸 (m) 底板
1	科园大道站	3.05	563.50	19.7	18.21	16.12	16.27	矩形框架两层双跨	0.7	0.8	0.4	0.9
2	创业路站	3.01	210.00	19.7	17.98	16.33	16.33	矩形框架两层双跨	0.7	0.8	0.4	0.9
3	安吉客运站	3.36	317.90	23.90	27.61	24.01	24.01	矩形框架三层三跨	0.9	0.8	0.4	1.1
4	北湖北路站	2.58~3.05	182.80	19.75	18.73	16.08	16.08	矩形框架两层两跨	0.7	0.8	0.4	0.9
5	秀峰站	2.19~3.18	208.36	19.70	18.37	16.84	16.84	矩形框架两层两跨	0.7	0.8	0.4	0.9
6	邕武路站	2.62~3.20	209.50	19.70	18.44	16.94	16.94	矩形框架两层两跨	0.7	0.8	0.4	0.9
7	大鸡村站	3.70~6.12	463.40	19.70	19.22	17.73	17.73	矩形框架两层两跨	0.7	0.8	0.4	0.9
8	兴桂路站	3.20~4.67	219.30	19.70	21.41	17.38	17.38	矩形框架两层三跨	0.7	0.8	0.4	0.9
9	小鸡路站	3.21~5.43	219.00	22.70	18.44	15.93	15.93	矩形框架两层双跨	0.7	0.8	0.4	0.9
10	东沟岭站	5.10	273.50	19.90	23.52	17.41	20.80	矩形框架两层双跨	0.7	1.0	0.4	1.0
11	长堽路站	3.15	164.60	30.90	19.43	15.80	16.53	矩形框架两层四跨	0.7	0.8	0.4	0.9
12	东葛路站	3.65~4.47	287.00	19.70	19.34	18.05	18.05	矩形框架两层双跨	0.7	0.9	0.4	1.0

续上表

序号	车站名称	顶板覆土 (m)	车站长度 (m)	车站宽度标准断面 (m)	基底埋深 (m) 最大值	基底埋深 (m) 最小值	基底埋深 (m) 标准断面	主体结构形式（标准断面）	主体结构尺寸 (m) 侧墙	主体结构尺寸 (m) 顶板	主体结构尺寸 (m) 中板	主体结构尺寸 (m) 底板
13	滨湖路站	3.80	198.80	19.70	19.55	18.55	18.55	矩形框架两层双跨	0.7	0.8	0.4	1.0
14	金湖广场站	3.00	150.00	25.33	30.54	29.07	29.07	矩形框架四层三跨	0.9	0.8	0.4	1.3
15	琅西站	3.30	468.90	19.70	20.5	17.0	17.3	矩形框架两层两跨	0.7	0.8	0.4	0.9
16	青竹立交站	4.30	158.30	23.00	25.5	24.5	24.8	矩形框架三层两跨	0.85	0.8	0.4	1.1
17	青秀山站	1.50~6.00	184.70	41.80	64.0	54.0	59.0	站台层马蹄形隧道，站厅层三柱四跨结构	0.9	1.0	0.5	1.2
18	市博物馆站	3.95	151.00	21.90	25.3	23.1	23.2	矩形框架三层三跨	0.8	0.8	0.4	1.0
19	总部基地站	1.8~4.9	491.1	22.9	28.4	17.1	19.2	矩形框架二层（局部三层）三跨	0.8	0.8	0.4	0.9
20	广西规划馆站	1.9~3.5	210.0	19.7	18.5	15.1	17.0	矩形框架两层两跨	0.7	0.8	0.4	0.9
21	庆歌站	3.4~3.8	164.0	19.7	18.7	18.2	18.0	矩形框架两层两跨	0.7	0.8	0.4	0.9
22	五象湖站	2.0~5.7	443.4	24.6	23.9	15.5	18.3	矩形框架二层（局部三层）三跨	0.8	0.8	0.4	0.9
23	平良立交站	1.8~4.9	491.1	22.9	28.4	17.1	19.2	矩形框架二层（局部三层）三跨	0.8	0.8	0.4	0.9

6.1.2 车站主体基坑工程设计

全线 23 座地下车站多数位于交通繁忙、房屋密集、管线纵横、道路狭窄等困难地段，结合南宁地质的典型区域特点，线路起点科园大道—北湖北路段、东葛路—青竹立交段主要位于富水圆砾层；秀峰路—长堽路段、青秀山站位于泥岩、砂岩地层，成岩年代较浅，属半成岩；市博物馆—平良立交段主要位于石炭系灰岩、硅质灰岩，局部发育溶洞。大部分车站采用明挖顺作法施工，局部采用盖挖顺作法，围护结构形式有地下连续墙、钻孔桩等，具体详见表 6-2。

1）地下连续墙

科园大道—北湖北路段、东葛路—青竹立交段共计 9 座车站位于富水圆砾地层，该层渗透系数大，地下水与邕江有水力联系，地下水位高，并具有一定的承压性，该层上部常伴有粉土、粉砂层，下部为砂岩或泥岩层，车站主体基坑均开挖至圆砾层，在这类场地进行深基坑开挖，对围护结构的挡土功能要求高，其止水功能要求更高，因而主体围护结构均采用地下连续墙兼做止水帷幕＋坑内疏排水方案。

（1）地下连续墙厚度

对于地下二层的车站，地下连续墙厚度均为 800mm，基本墙幅长为 6m，最大墙幅长为 7.5m，位于车站两端与区间相连的盾构通过范围。

安吉客运站为 2、3 号线换乘站，设置为地下三层车站，地下连续墙厚度 1000mm，基本墙幅长为 5m，最大墙幅长为 7.5m，位于车站两端与区间相连的盾构通过范围。

金湖广场站为地下四层车站，地下连续墙厚度 1200mm，基本墙幅长为 6m，最大墙幅长为 8m，位于车站两端与区间相连的盾构通过范围，地下连续墙钢筋笼长度约 34.3m，钢筋笼采用 2 台 260t＋120t 起重机同时起吊，整幅吊装下放，最大墙幅为 8m 玻璃纤维筋洞门范围，同样采用 2 台 260t＋120t 起重机整幅吊装下放。

（2）地下连续墙接头形式

本工程采用不等翼宽的钢板焊接的加强型工字形钢接头，工字形钢板厚度对应不同墙厚分别为 10mm、12mm 和 14mm，工字钢翼缘总宽度 400mm，考虑分布筋焊接长度后采用不对称设置，与钢筋焊接一侧翼缘宽度为 150mm，另一侧为 250mm，即先施工墙幅的钢筋笼两端焊接有工字钢，后施工墙幅不带工字钢，增加该侧接头型钢翼缘宽度，有利于接头的止水。同时工字钢接头钢板宽度确定兼顾考虑了整块定型钢板的尺寸模数，切割尽量少浪费钢材余料。全线大部分地下连续墙的车站均采用该接头形式，接头工字钢在墙幅深度范围通长配置，当下部为素混凝土段带接头工字钢墙幅钢筋笼桁架进行通长伸至墙底，并在素混凝土墙段设置横向桁架筋和水平筋固定接头工字钢，避免下放和混凝土浇筑过程工字钢变形。800mm 厚度地连墙工字钢接头如图 6-4 所示。

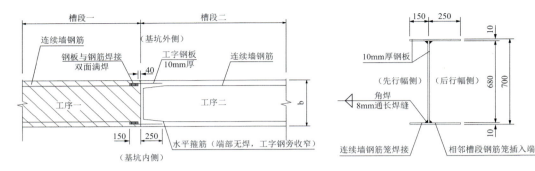

图 6-4 800mm 厚度地连墙工字钢接头（尺寸单位：mm）

（3）地下连续墙施工顺序

地下连续墙采用跳挖法施工，分先浇槽段与后浇槽段施工，先浇槽段钢筋笼带工字钢接头，后浇槽段于先浇槽段强度达 70%以上才开始挖槽施工（图 6-5）。

2）围护桩

秀峰路—长堽路段、青秀山站地质条件为泥岩、粉砂质泥岩，砂岩、泥质粉砂岩，地下水不丰富。博物馆站—平良立交站地质条件为石炭系灰岩、硅质灰岩，局部发育溶洞，但岩溶裂隙水不丰富。以上车站均采用钻孔灌注桩方案，部分砂岩层结合基坑外降水。青秀山站旋挖桩施工如图 6-6 所示。

图 6-5 地下连续墙施工

图 6-6 青秀山站旋挖桩施工

3）支撑系统

明挖法施工支护结构的支撑系统有采用混凝土支撑、钢管支撑或预应力锚索。

（1）混凝土支撑

车站主体基坑第一道支撑均采用混凝土支撑，混凝土支撑截面 800mm×900mm，两端为米字撑，主支撑间距一般取 9m，部分深埋车站、基坑周边建筑邻近、车站端头盾构井段及地质条件较差的采用多道混凝土支撑，如金湖广场站采用 4 道混凝土支撑。

（2）钢管支撑

钢管支撑可提供的支撑力较大，施加预加力有利于围护结构受力和控制水平位移，可以倒换使用，租赁市场货源充足，可自行制作生产，也可通过市场租赁。大部分地下二层车站除第一道支撑采用混凝土支撑外，其余主要为钢管支撑，钢管支撑类型主要为$\phi 609mm$，$t = 16mm$，深埋车站采用$\phi 800mm$，$t = 16mm$钢管支撑，如图6-7所示。

（3）预应力锚索

兴桂路站与周边地块（金源城）联合基坑开挖，一侧基坑采用大开挖形式。因此，该车站围护结构采用钻孔灌注桩+锚索支护方案，锚索锚固端位于泥岩层，部分位于粉砂岩层。车站设置5道锚索，竖向排距3m，水平间距2.4m，成孔孔径150mm，最长锚索28m，预应力锚索采用5-ϕ_s15.2，最大锚索预加力400kN，采用钢筋混凝土腰梁，如图6-8所示。

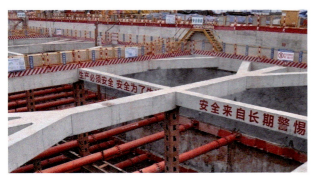

图6-7　标准地下两层站设置三道钢管支撑　　　　图6-8　锚索支护

4）围护结构嵌固深度

围护结构插入土层中的深度，需满足墙体的抗滑动、抗倾覆和整体稳定性以及墙前基底土体的抗隆起和抗管涌稳定性要求，当围护结构插入岩层中兼做止水帷幕时，其嵌固深度尚需满足止水要求。

地下连续墙作为止水插入下部泥岩、砂岩层深度确定原则为：

（1）基坑底为圆砾层，地下连续墙需穿透圆砾层并进入圆砾层下泥岩层不小于2.0m，且总嵌固深度不小于4.5m。

（2）当泥岩层不足2.0m时，则进入圆砾层以下岩层累计深度不小于3.5m，且总嵌固深度不小于5.0m。

（3）若圆砾层以下为较厚粉砂岩层时，则进入粉砂岩层不小于4.5m，且总嵌固深度不小于5.0m。

（4）当基坑底为泥岩层时，总嵌固深度不小于4.5m。

（5）当基坑底为较厚粉砂岩层时，总嵌固深度不小于5.0m。

对于东西两端位于泥岩、砂岩层排桩嵌固深度，需根据计算确定。

车站主体围护结构统计见表6-2。

表 6-2 车站围护结构汇总表

序号	车站名称	围护结构类型	标准段支撑类型及道数 标准段	标准段支撑类型及道数 盾构井段	设计围护结构最小嵌固深度（m）	地下连续墙止水作用最小入岩深度（m） 泥岩、粉砂质泥岩	地下连续墙止水作用最小入岩深度（m） 砂岩、泥质粉砂岩
1	科园大道站	800mm 地下连续墙	1混凝土+2钢	2混凝土+1钢+1钢（换）	8.4	3	—
2	创业路站	800mm 地下连续墙	1混凝土+2钢	1混凝土+2钢+1钢（换）	5	2.5	—
3	安吉客运站	1000mm 地下连续墙	1混凝土+3钢	4混凝土	7.0	4.0	—
4	北湖北路站	800mm 地下连续墙	1混凝土+2钢	小里程1混凝土+2钢 大里程3混凝土	9.5	3.5	—
5	秀峰路站	φ1000mm 围护桩	1混凝土+2钢	1混凝土+2钢	5.0	—	—
6	邕武路站	φ1000mm 围护桩	1混凝土+2钢	1混凝土+2钢	4.5	—	—
7	大鸡村站	φ1000mm 围护桩	1混凝土+2钢	1混凝土+2钢	5.0	—	—
8	兴桂路站	φ1000mm 围护桩	1混凝土+2钢 5道锚索	2混凝土+1钢	5.0	—	—
9	小鸡村站	φ1000mm 围护桩	1混凝土+2钢	3混凝土	5.0	—	—
10	东沟岭站	φ1000mm 围护桩	1混凝土+1钢；局部放坡	1混凝土+1钢；1混凝土+2钢	5.0	—	—
11	长塱路站	φ1000mm 围护桩	1混凝土+2钢	1混凝土+2钢	5.5	—	—
12	东葛路站	1000mm 地下连续墙	1混凝土+3钢 局部1混凝土	2混凝土+2钢；2混凝土+1钢	7.5	3.0	—

第6章 结构与防水设计

续上表

序号	车站名称	围护结构类型	标准段支撑类型及道数		设计围护结构最小嵌固深度（m）	地下连续墙最小入岩深度（m）		地下连续墙止水作用（m）
			标准段	盾构井段		泥岩、粉砂质泥岩	砂岩、砂岩	泥质粉砂岩
13	滨湖路站	1000mm地下连续墙	1混凝土＋2钢	2混凝土＋1钢	7.7	3.0	—	—
14	金湖广场站	1200mm地下连续墙	4混凝土＋1钢	5混凝土	7.5	7.5	—	—
15	琅西站	800mm地下连续墙	1混凝土＋2钢	3混凝土	8.0	—	—	4
16	青竹立交站	1000mm地下连续墙	2混凝土＋2钢	3混凝土＋1钢	11	4	—	—
17	青秀山站	φ1200mm围护桩	6混凝土	—	7.16	—	—	—
18	市博物馆站	1000mm地下连续墙	1混凝土＋2钢	3混凝土	6	2.5	—	—
19	总部基地站	φ1000mm围护桩	1混凝土＋3钢	4混凝土	6	—	—	—
20	广西规划馆站	φ1000mm围护桩	1混凝土＋3钢	4混凝土	5	—	—	—
21	庆歌站	φ1000mm围护桩	1混凝土＋2钢	3混凝土＋2钢（小里程）、1混凝土＋2钢（大里程）	5	—	—	—
22	五象湖站	φ1000mm围护桩	1混凝土＋2钢＋1换撑、局部3混凝土	3混凝土＋2钢（小里程）、1混凝土＋2钢（大里程）	5	—	—	—
23	平良立交站	φ1000mm围护桩	1混凝土、1浮凝土＋3钢	4混凝土，1混凝土＋2钢	5	—	—	—

注：表中"混凝土"代表钢筋混凝土支撑，"钢"代表圆钢管支撑，"换"代表换撑，"南"、"北"代表基坑的南侧或北侧。

6.1.3 车站附属工程设计

1）附属工程主体结构形式

附属出入口主体结构根据工法采用不同结构形式，明挖法采用闭合矩形框架结构，一般顶、底板及侧墙厚度均为600mm，浅埋暗挖法采用直墙拱结构和马蹄形断面结构，一般结构厚度均为600mm，顶管法采用预制管节拼装闭合矩形框架结构，结构厚度为500mm。

附属风亭采用梁柱体系框架结构，一般顶、底板及侧墙厚度均为600mm，当板跨较大时板厚为700mm。地面高风亭均采用剪力墙结构，墙厚200mm。

2）附属工程基坑工程

（1）强透水地层段基坑工程

位于圆砾、砂层、粉土等典型透水地层的车站附属基坑工程，场地环境条件允许情况下优先选择明挖法施工，大部分附属工程均采用明挖法施工，附属工程基坑一般开挖深度约10m，集水井段开挖深度约12.5m，围护结构采用ϕ800mm为主排桩，采用一道或两道支撑，为ϕ609mm，$t=16$mm钢支撑（与主体基坑同规格，方便材料准备和充分利用），转角等斜撑部位采用混凝土支撑，坑外井点降水，基底集水井开挖段为粉细砂层时，为坑内外同时降水。

当基坑周边存在需保护的邻近建筑、大型排水管线及有压力管线时，第一道支撑多采用混凝土支撑，不具备坑外降水时，桩间增设旋喷桩挡土隔水，形成挡水或封闭隔水帷幕，结合坑内或基坑单侧降水，如东葛路—青竹立交段部分出入口采用了该方案。滨湖路站附属基坑和金湖广场站附属基坑由于局部厚粉细砂层且紧邻基坑周边存在需保护房屋建筑，采用地下连续墙加坑内降水的基坑支护方案。

（2）泥岩、粉砂岩地层段基坑工程

秀峰路—长堽路段和青秀山站位于泥岩、粉砂岩层，场地环境条件允许情况下均采用明挖法施工，大部分附属工程均采用明挖法施工，围护结构为ϕ800m排桩，采用一道或二道支撑，为ϕ609mm，$t=16$mm钢支撑（与主体基坑同规格，方便材料准备和充分利用），局部转角等斜撑部位采用混凝土支撑，存在较厚粉砂岩层基坑设坑外井点降水。

长堽路站南侧出入口通道延伸过马路段因交通疏解困难，不具备明挖施工场地条件，横跨道路段通道采用浅埋暗挖法施工。对圆砾及粉砂地层进行全断面地面袖阀管注浆加固处理，暗挖通道两侧交错设置间距不大于20m，ϕ800mm钻孔、ϕ300mm内井孔的降水井，降水井滤管段外布3层60目尼龙布。通道全长范围拱顶150°范围设置ϕ108mm超前大管棚支护并辅助超前小导管支护系统（图6-9），中隔壁法开挖，在开挖过程地面围闭不允许重型车辆通行。

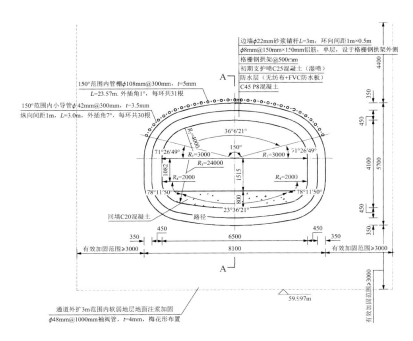

图 6-9 小导管支护断面图（尺寸单位：mm）

6.1.4 计算模式及荷载取值设计

1）主体结构计算模式

全线车站均采用闭合框架结构，沿车站纵向设置纵梁，围护结构与内衬墙之间设置防水隔离层，当围护结构兼做永久结构时，按重合墙计算，根据各自的刚度进行内力分配，内衬承受全部水压力，围护结构与主体结构侧墙共同承受侧向土压力。

框架柱一般采用钢筋混凝土柱。柱内力很大时可采用型钢（钢管）混凝土柱（青秀山站），以提高其承载能力，配合建筑减少柱截面尺寸。

明挖车站结构按底板支承在弹性地基上的平面框架进行内力分析，计算时考虑立柱和楼板压缩、斜托的影响，用大范围盖挖法修建车站时，考虑立柱施工误差造成的偏心影响。换乘车站的换乘节点、盾构井段及其他空间受力作用明显处按空间结构进行内力分析。

根据车站施工方法及施工顺序，分别按施工各阶段和使用阶段最不利组合进行结构内力及强度计算，正常使用阶段按结构承载能力极限状态设计。

2）基坑支护结构计算模式

结构计算应根据施工过程和使用期间分阶段按增量法原理进行内力计算，计算时必须计入结构的先期位移值以及支撑变形，按"先变形、后支撑"的原则进行结构分析。最终的位移及内力值是各阶段之累计值，如图 6-10 所示。

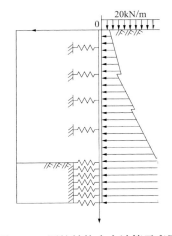

图 6-10 围护结构内力计算示意图

（1）对于悬臂式排桩、悬臂式地下连续墙、双排桩结构，采用平面杆系结构弹性支点法进行结构计算分析。

（2）对于锚杆—排桩结构、锚索—地下连续墙结构，采用将整个结构分解为挡土结构、锚拉结构（锚杆及腰梁、冠梁）分别进行结构分析；从基坑开挖至地下结构回筑各工况，挡土结构采用平面杆系结构弹性支点荷载增量法进行结构分析；作用在锚拉结构上的荷载取挡土结构分析时得出的支点力。

（3）对于内支撑—排桩结构、内支撑—地下连续墙结构，采用将整个结构分解为挡土结构、内支撑结构分别进行结构分析；从基坑开挖至地下结构回筑各工况，挡土结构宜采用平面杆系结构弹性支点荷载增量法进行结构分析，内支撑结构按平面结构进行分析，挡土结构传至内支撑的荷载取挡土结构分析时得出的支点力；对挡土结构与内支撑结构进行分析时，考虑其相互之间的变形协调。

（4）在地层变化、基坑不规则时，采用空间结构分析方法对排桩结构进行整体分析或采用数值分析方法对支护结构与土进行整体分析。采用平面杆系结构弹性支点荷载增量法时，根据基坑各部位的深度、周边环境条件、地层条件等因素，划分设计计算剖面。对任一计算剖面，按其最不利情况进行设计计算。

3）荷载取值

（1）土压力和水压力

①当土层位于地下水位以上时，黏性土、黏质粉土的土压力计算，土的滑动稳定性验算采用固结快剪强度指标或三轴固结不排水抗剪强度指标，砂质粉土、砂土、碎石土的土压力计算采用有效应力强度指标。

②当土层位于地下水位以下时，黏性土、黏质粉土的土压力采用水土合算，土的滑动稳定性验算采用总应力法。对于正常固结土和超固结土，采用固结快剪强度指标或三轴固结不排水抗剪强度指标，对于欠固结土，采用有效自重压力下预固结的三轴不固结不排水抗剪强度指标。

③地下水位以下的砂质粉土、砂土、碎石土采用水土分算，土压力计算、土的滑动稳定性验算采用有效应力强度指标。对于砂质粉土，当缺少有效应力强度指标时，采用直剪固结快剪强度指标或三轴固结不排水抗剪强度指标代替；对于砂土和碎石土，有效应力强度指标可根据标准贯入试验实测击数和水下休止角等综合分析选取。水压力按静水压力计算，当存在多个含水层时，分别计算各含水层的水压力。

（2）超载

车站地面超载一般采用20kPa，周边存在建（构）筑物时，按实际建（构）筑物基础压力扩散到结构的荷载考虑，当车站顶覆土厚度较小时，尚应考虑车辆实际荷载及振动的影响。盾构施工期间的盾构吊装超载取70kPa，盾构管片堆放场地超载取35kPa。

（3）人群荷载

站内楼板、楼梯及站台层人群荷载取4kPa。

(4)人防荷载

按设防等级对应等效静荷载取值。

6.1.5 结构抗浮设计

车站结构按最不利情况进行抗浮验算，其抗浮安全系数在不考虑侧壁摩擦力时，不小于 1.05，考虑侧壁摩擦力时，不小于 1.15。本线抗浮设防水位取值依据"南宁市轨道交通 3 号线防洪、防内涝标高研究报告"成果采用。

1）主体结构抗浮"

当主体结构抗浮不能满足要求时，优先考虑主体围护结构的压顶兼做抗浮措施，地下二层标准车站均考虑围护结构兼做抗浮措施，利用冠梁挑出压顶抗浮，当仍不能满足时，底板增设抗拔桩，采用这种方式的车站主要为平面跨度较大的换乘车站和深埋三层及以上车站，包括安吉客运站、金湖广场站、青竹立交站和青秀山站。科园大道站等车站的配线段采用单层结构，依靠结构自身重量和上覆土重量即可满足抗浮要求。风亭与主体结构接口位置利用围护结构伸入风亭结构底板兼做抗浮措施。

2）附属工程抗浮

车站附属出入口和风亭一般在与车站主体结构位置设置有变形缝，因此出入口和风亭按独立工程单独考虑抗浮措施，一般车站站厅接出的出入口和风亭顶板埋深均大于 3.5m，正常埋深段结构自身满足抗浮要求。个别设置两层的附属工程抗浮不满足时利用围护结构兼做抗浮，局部底板增设抗拔桩。出入口出地面敞口段采用夫梯顶端底坑段周边结构底板外挑增加覆土压重的抗浮措施。

6.1.6 地下水处理设计

根据沿线地质条件，全线主要分三段典型地质单元，针对不同单元采取基坑工程地下水处理措施。

1）圆砾地层段地下水处理

科园大道—北湖北路段位、东葛路—青竹立交段共计 9 座车站位于主地层为圆砾层、砂层，该段从上到下典型地质分层依次为填土层、可塑或硬塑黏性土层、粉土层、砂层、圆砾层及泥岩或砂岩层。其中大部分车站基坑开挖范围进入砂层和圆砾层，砂层以粉细砂和细砂为主，圆砾层为密实～中密，局部稍密，圆砾层为主要含水地层，地下水丰富、水位较高，带一定承压性，渗透系数各区域有较大差异，从 40～160m/d 不等，与邕江有水力联系。车站主体基坑施工主要采用地下连续墙围护结构兼做止水帷幕，地下连续墙插入下部不透水泥岩层，辅助坑内少量疏排抽水井。经验证，该方案共 9 座车站主体基坑施工过程未出现基坑内底管涌渗漏水等现象，止水效果良好。附属出入口及风亭由于埋深较浅，基底以上地下水水头高度不大，水位降水多数在 2～

8m，即能满足基坑开挖条件，主要采用围护排桩加坑外降水方案，部分基坑较大的风亭采用坑内外结合降水方案，对有粉细砂层段桩间增设旋喷桩挡土，同时兼做增大地下水从桩底绕流进入基坑内路线，仅局部靠近需保护建筑基坑采用地下连续墙止水方案，在降水井实施到位，有效降水条件下，基坑开挖顺利实施，降水引起的周边地表和房屋建筑沉降量小，不影响房屋建筑正常使用，采用该方案可有效降低基坑工程投资费用。

2）粉砂岩段地下水处理

第一段为秀峰路—长堽路段，位于泥岩、砂岩层段，该段泥岩、砂岩成岩程度较深，带水钻探能取出较完整柱状岩心，泥岩层为不透水地层，砂岩层含水率较低，渗透系数较小，主体及附属基坑在砂岩层主要采用坑外设降水井抽排水为主，降水井出水量较小。

第二段为青秀山站，位于泥岩、砂岩层段，该段泥岩、砂岩层成岩程度较浅，砂岩层带水钻探基本无柱状岩心，多数呈散沙状，泥岩和砂岩以互层透镜体分布为主，泥岩层为不透水地层，砂岩层具有一定含水率，为中等透水地层，砂岩层遇水易软化为细沙状，泥岩遇水易软化成泥巴，该站采用明暗挖法结合施工，在砂岩层主要采用坑外大口径小间距深井降水为主，提前进行开挖疏干降水作业，经暗挖开挖掌子面验证，在降水井实施良好可正常降排水情况下，砂岩层地下水可有效降低至掌子面以下，暗挖施工顺利完成，如图6-11所示。

图6-11　降水成功后砂岩泥岩暗挖交叉洞室

6.1.7　结构防水设计

地下工程由于深埋在地下，时刻受地下水的渗透作用，如果防水问题处理不好，致使地下水渗漏到工程内部，将会带来一系列的问题，如工程内部人员的正常工作和生活受到影响；装修和设备加快锈蚀；供电线路短路中断影响运营等。同时，城市轨道交通工程常建于人口密集区，大量渗排地下水，将对周边环境造成不良影响。

因此，结构防水设计的主要目的在于：

（1）保证结构内使用空间无水，或渗水量控制在容许范围之内，保障站内装修使用和设备的正常运行。

（2）保证工程周边环境不因渗漏（或结构排水）引起地下水流失而受到不良影响。

（3）避免渗漏导致结构耐久性受到影响。

结构防水遵循"以防为主、刚柔结合、多道防线、因地制宜、综合治理"的原则，以混凝土结构自防水为主，强调结构自防水首先应保证混凝土、钢筋混凝土结构的自防水能力。

沿线地层主要为全新统或上更新统冲积层，科园大道—北湖北路段、东葛路—青竹立交段地层从上到下大致分布为：填土层、黏土层、硬塑状黏土层、可塑状黏土层、粉质黏土层、细砂、中砂、粗砂、砾砂、圆砾、泥岩、泥质粉砂岩、粉砂质泥岩等；秀峰路—长堽路的地层从上到下分布情况大致为：填土层、泥岩层、泥质粉砂岩、粉砂质泥岩等。工程沿线地下水位变化幅度较大，科园大道—北湖北路段、东葛路—青竹立交段区段的地下水位埋深一般为 2.0～6.0m。全线地下水对混凝土结构具有微腐蚀性，对混凝土结构中的钢筋为弱腐蚀性，对钢结构具有弱腐蚀性。

总结国内类似工程的经验教训，结合本线地质特点及"南宁市轨道交通 1 号线地下水腐蚀性研究"与"南宁市轨道交通工程混凝土制备及耐久性增强技术研究"课题研究成果，项目组确定本工程地下车站采用复合墙结构体系，防水以混凝土结构自防水为主，附加全外包柔性防水层为辅，并加强接缝及节点防水处理的方案。

结构自防水混凝土抗渗等级按以下原则执行，工程埋深 $0 < H < 20m$ 时，抗渗等级为 P8；工程埋深 $20 \leqslant H < 30m$ 时，抗渗等级为 P10；工程埋深 $H \geqslant 30m$ 时，抗渗等级为 P12，盾构管片抗渗等级 P12。浅埋暗挖法结构的初期支护应进行系统注浆，形成止水帷幕。

迎土面地表附近干湿交替环境的结构裂缝宽度不大于 0.20mm，其他结构不大于 0.30mm，不得有贯穿裂缝。永久结构混凝土最低强度等级为 C35，盾构管片混凝土强度等级为 C50。

结合"南宁市轨道交通工程混凝土制备及耐久性增强技术研究"研究成果，水泥应采用水化热低的水泥，宜采用硅酸盐水泥、普通硅酸盐水泥，防水混凝土采用"双掺技术"，掺入I级（或II级）粉煤灰或磨细矿渣粉及高效减水剂和引气剂等外加剂，具体掺量经试验确定，但胶凝材料的最少用量不宜小于 $320kg/m^3$，最大用量不应大于 $400kg/m^3$（包含外加剂和掺合料），在满足混凝土抗渗等级、强度等级和耐久性条件下，水泥用量不宜小于 $260kg/m^3$，水胶比不得大于 0.50。

车站结构全外包柔性防水体系汇总见表 6-3。

车站结构全外包柔性防水体系　　　　　　　表6-3

施工方法	部位		防水措施
明挖法结构	附加防水层	顶板	2.5mm厚双组分聚氨酯涂料（非焦油）
		侧墙	4mm厚沥青基聚酯胎预铺防水卷材或全厚度2mm高分子预铺防水卷材或1.5mmPVC防水板
		底板	4mm厚沥青基聚酯胎预铺防水卷材或全厚度2mm高分子预铺防水卷材或1.5mmPVC防水板
	环向施工缝	一级	镀锌钢板止水带+可重复注浆的注浆管+水泥基渗透结晶材料
		二级	镀锌钢板止水带
	水平施工缝	一级	镀锌钢板止水带+水泥基渗透结晶材料
		二级	镀锌钢板止水带
	变形缝	顶板	中埋式钢边橡胶止水带+防水嵌缝材料+不锈钢接水槽
		侧墙	中埋式钢边橡胶止水带+防水嵌缝材料+外贴式止水带+不锈钢接水槽
		底板	中埋式钢边橡胶止水带+防水嵌缝材料+外贴式止水带
	后浇带		2道缓膨型遇水膨胀止水胶+可重复注浆的注浆管
浅埋暗挖法结构	附加防水层		1.5mm厚PVC防水板
	环向施工缝		镀锌钢板止水带+可重复注浆的注浆管
	水平施工缝		镀锌钢板止水带
	变形缝		外贴式止水带+中埋式钢边橡胶止水带+密封胶+接水槽
盾构法隧道	管片密封垫		三元乙丙橡胶
	螺栓孔密封垫		三元乙丙橡胶
	管片内嵌缝		聚合物水泥
	环缝和纵缝		1mm厚丁晴软木橡胶垫
	洞口帘布橡胶板		帘布橡胶板由模具分块压制，然后连接成一整框
	附加防水		在中等或强腐蚀环境中，管片外涂刷高渗透改性环氧涂料0.45kg/m³

（1）明挖车站侧墙和底板的防水卷材采用4mm厚沥青基聚酯胎预铺防水卷材或全厚度2mm高分子预铺防水卷材。

（2）明挖车站顶板覆土层表面有乔木等根系发达植物种植要求，且其根系可能会对顶板防水层造成破坏，本线设置了1.2mm厚的PVC防水卷材耐根系穿刺层。PVC防水卷材耐根系穿刺层的设置范围应超出种植顶板边缘以外2m或围护结构侧边收口处采用压边梁等可靠措施。

（3）加强变形缝、施工缝、抗拔桩与主体接头处、穿墙管线的接头防水处理。

6.1.8 结构耐久性设计

1）混凝土强度等级

全线地下车站结构的一般构件混凝土设计强度等级汇总见表 6-4。

地下结构混凝土的设计强度等级　　　　　表 6-4

施工方法	部位		强度等级
明挖法	围护结构	钻（挖、冲）孔灌注桩　临时结构	C30
		钻（挖、冲）孔灌注桩　永久结构	C35
		地下连续墙　临时结构	C30
		地下连续墙　永久结构	C35
		冠梁、腰梁、混凝土撑、挡土墙	C30
		喷射混凝土	C20
		围檩后细石混凝土	C30
		抗浮压顶梁（包括兼做抗浮压顶梁的冠梁）	C35
	主体结构	防水保护层	C20
		垫层	C20
		构造柱	C25
		顶（底）板、顶（底）纵梁、外侧墙	C35/C40/C45
		中板、中纵梁、站台板、内隔墙、楼梯	C35
		钢筋混凝土中柱	C50

金湖广场站、青秀山站迎水侧混凝土强度等级为 C40，其余站均为 C35。

2）裂缝控制

普通钢筋混凝土结构在永久荷载和可变荷载准永久组合作用下最大裂缝宽度允许值：车站结构背水面为 0.3mm；车站结构迎水面原则上不应大于 0.2mm，当结构处于缺氧地下水位以下时，可放宽至 0.3mm。对于保护层厚度较大的围护结构（地下连续墙、排桩）在验算裂缝宽度时，保护层厚度采用 30mm 计算。

6.2 设计重难点

6.2.1 富水圆砾层地铁车站降水

科园大道站是 3 号线第 1 座车站，也是全线首座采用悬挂式止水帷幕 + 坑内降水的地下车站，在地下连续墙未插入隔水层的情况下，本站采用基坑内降水的施工方法。本节从施工方法、工序优化、施工机具配置、场地设置等多方面进行总结、优化，对南宁后续同类车站的施工具有一定的借鉴价值。

科园大道站位于振兴路与科园大道交叉口西侧，沿振兴路呈东西向布置。车站站台中心里程为YDK0+750.864，车站右线设计起终点里程为YDK0+423.300—YDK0+904.264，左线设计起终点里程为 ZDK0+571.064—ZDK0+915.191。车站为地下二层双柱三跨岛式车站，车站外包总长为563.5m，标准段外包宽度为19.7m，车站底板埋深16.760m，有效站台中心里程处的顶板覆土厚度3.33m。

本站共设四个出入口（其中Ⅱ号出入口预留）、三个风亭。本站大、小里程段均为盾构区间。车站采用明挖顺作法施工，基坑围护结构采用地下连续墙+内支撑体系，车站主体为现浇钢筋混凝土箱形框架结构，结构外设置外包防水层。车站总平面如图6-12所示。

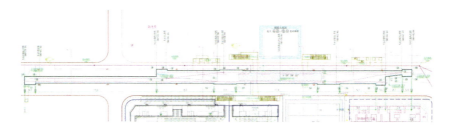

图 6-12 车站总平面图

车站位于南宁市振兴路与科园大道交叉路口西侧，振兴路规划路宽50m，现状道路宽约30m，双向6车道，为新修道路，车流量较少，科园大道规划道路红线宽度42m，双向8车道。线路在该段呈东西走向布置。

站位南北侧均为农田，目前的建筑物均为在建的商住小区，北侧为阳光里住宅小区项目，南侧为惠贤小筑、华商时代广场；路口东北象限为南宁富士康科技集团，东南象限为广西怡顺机车制造有限公司，距车站均比较远。

根据勘察报告，本站所处场地为工程地质I_1区，为邕江Ⅰ、Ⅱ级阶地，地面高程81.16~84.03m。站区范围地面交通流量较小，两边建筑物较少。

本站地层所在单元为邕江低阶地亚区，根据资料及本次勘察揭露情况，拟建工程揭露的地层有第四系土层、新近系岩层。本场地勘探范围内揭露的岩土层有填土层、黏性土层、粉土层、砂土层、圆砾层和新近系岩层等。

基坑底高程约为64.80m，主要位于圆砾⑤$_{1-1}$层，层厚1.5~29.3m，平均层厚8.73m，层底高程36.47~69.84m，重型动力触探试验击数2~30击，平均10击，渗透系数为30m/d。圆砾⑤$_{1-1}$层为褐黄色、灰色、灰白色等，中密~密实，饱和，以砾石为主，少部分卵石，粒径2~20mm，颗粒平均含量约为60%，粒径大于20mm颗粒平均含量为24.6%，最大粒径一般为50~70mm，粒间充填中、粗砂为主，属不连续级配，级配良好。磨圆度较好，以次圆状为主，部分滚圆状或次棱角状，成分以石英岩、硅质岩为主。浅黄色、白色等浅色者为石英，褐色、深灰色等为硅质岩，为邕江河流冲积成因。由于不同时期、不同气候条件下邕江冲积携带物的不同，在本标段不同区段揭露的该层的颗粒级配、充填物有所不同，基本上呈条带状分布。

车站小里程段停车线段长约191m，基坑标准段宽约10.4m，深约17.41m，采用800mm厚地下连续墙，嵌固深度约9m。基坑为悬挂式帷幕＋坑内降水，采用坑内降压井降水。该段基坑共设置3道支撑，其中第一道采用900mm×1000mm钢筋混凝土支撑，水平间距6m；第二、第三道采用直径609mm、壁厚16mm钢支撑，水平间距3m。停车线段地质纵断面如图6-13所示，基坑围护结构横断面如图6-14所示。

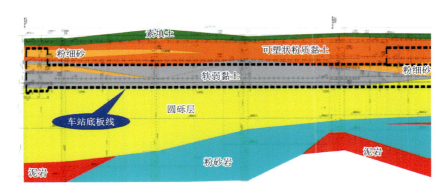

图6-13 小里程段停车线段地质纵断面

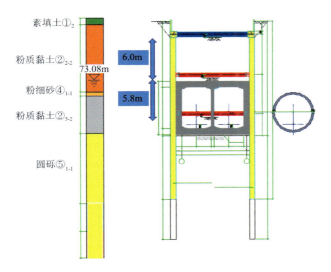

图6-14 停车线段基坑围护结构横断面图

坑内按间距12～12.5m设置16口降水井，降水井管井进入坑底≥6m，且进入圆砾层≥3m，采用井管ϕ300mm，井径ϕ600mm井管降水。降水井的深度按钻至坑底以下6m控制，管井数量及抽水强度可根据地层含水率的大小进行调整。铁管内径300mm，包铁丝网和尼龙网，并用12铅丝扎紧。以上两种滤网缠绕时，重叠1/3幅面。底部用数条钢筋焊死，并包两层铁丝网。铁管与井壁间用粒径 3～7mm 的圆形、亚圆形砂卵石滤料填放至距地面 500mm 后，用水冲洗，以保证滤料下沉密实。基坑开挖前 20d 应采用内井点对基坑进行预降水、疏干，以加固坑内土体，保证无水开挖。开挖至坑底施工底板时，井点管设置底板泄水孔，然后拆除井点管，待车站顶板覆土后方可封孔。管井退出工作后，采用 C10 混凝土回填。

经现场施工反馈，止水帷幕的设置加大了地下水渗流的距径，改变了基坑周边向坑内渗流的路径，从而减小了基坑降水对周边环境的影响。有效地将地下水位控制在基坑开挖底面以下，为主体结构顺利施工打下了良好的基础。

车站目前已建成通车，基坑施工过程中，地下水位可控，周边环境变形相对较小。轨道交通建设规模大，范围广，国内地铁建设速度飞快。地铁工程基坑工程数量巨大，深度较深，地下水控制是基坑工程设计及施工成败的关键。悬挂式止水帷幕具有造价低、工期短、地下环境破坏小等优势，本工程可为南宁后续线路相似地层的施工提供借鉴。

6.2.2 主体围护结桩兼做永久挡土墙结构

小鸡村站（原秀林站）是 3 号线第 9 座车站。车站为地下两层岛式站台车站，同时作为 3 号线与 5 号线的换乘站。

小鸡村站是北端盾构井区域受地貌原状影响存在 4.2～4.6m 高差，原址为小鸡村村民民宅，征拆难度大。对于施工场地内存在较大高差的情况目前地铁实施常见的技术措施为：

（1）基坑周边高差较大时（>5m），单独增设挡土结构（扶壁式挡墙、桩锚结构等）。

（2）基坑周边高差较小时（≤5m），在基坑围护结构上增设挡土结构（悬臂式挡墙）。

（3）进行整体土方开挖，将整个场地内挖方至场坪高程。

现有技术存在的局限、缺点及原因如下：

（1）单独设置挡土结构

①采用扶壁式挡墙时，施工阶段需放坡开挖出施工挡土墙工作面，再实施挡土墙；使用阶段需回填墙后土体，工序复杂，工程投资较大。挡土结构由于与围护结构分离，将造成场地内存在高差，影响环形车道及大型设备（盾构机）进出和使用。

②采用桩锚结构时，施工阶段需尽量远离拟施工围护结构，保证桩身嵌固段被动土压力区宽度，从而维持挡土桩的整体稳定性，锚索（杆）设置受地层条件限制较大，如稳定岩（土）层埋深较大时，会造成锚索（杆）长度过大，工程安全性较低且工程投资较大；使用阶段因锚索（杆）属于地下污染物，对建设地块及周边地块影响较大，需在使用完成后回收或挖除，否则会造成工程投资增大，不符合绿色工程要求。

（2）围护结构上增设挡土结构

采用悬臂式挡墙时，施工阶段需进行放坡开挖出施工挡土墙工作面，再实施挡土墙；使用阶段需回填墙后土体，工序复杂。由于悬臂式挡墙结构不宜超过 5m，对于高差较大的场地条件不适宜采用，工程适应性较差。

（3）整体土方开挖

如采用将整个场地内挖方至场坪高程，开挖土方量大，弃土需运输至统一区域，造成建设工期变长、工程投资变大；如场坪所需范围内有既有建构筑物，又未纳入拆迁范围，则方案不可实施，工程适应性差。

针对既有常规技术缺陷，项目组提出了采用基坑围护结构升至现状地面（钻孔桩）兼做挡土墙，并针对挡土构件有效高度联合设置环形支撑体系的设计方案，该方案较传统方案具有如下优势与特点：

（1）围护结构与挡土结构可一次性实施，减少施工步序。

（2）桩（墙）顶可根据场地条件调整，适当设置坡道，保证施工场地及环形车道的合理布置。

（3）挡土结构超过 5m 时，可设置环框支撑体系，该支撑体系可兼顾盾构吊出。

（4）冠梁存在高差处应设置成连接构件，保证水平荷载传力体系完整。

（5）围护结构采用工程桩时，由于围护结构高差造成内支撑体系受力不均，单桩无法承受内支撑形成的剪切力，应在桩间设置抗剪键，保证围护结构传力体系的完整。

（6）车站基坑回填时，可利用环框支撑体系形成分层隔离板，有效减少车站顶板覆土厚度，减小构件厚度。

综上所述，本工程采用基坑围护结构兼做挡土墙的方案避免了对周边未拆迁区域影响，施工一体化成型缩短了建设工期，取得了良好的施工效果。围护结构兼做挡土墙剖面与平面分别如图 6-15、图 6-16 所示，围护桩桩间抗剪凳如图 6-17 所示。

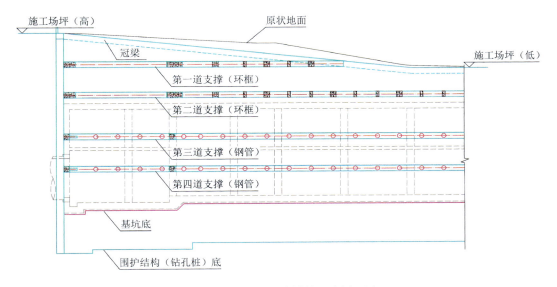

图 6-15 围护结构兼做挡土墙剖面图

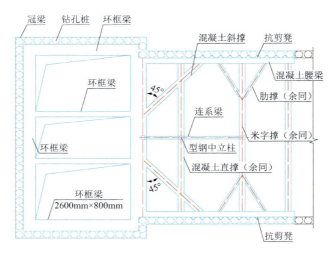

图 6-16 围护结构兼做挡土墙平面图

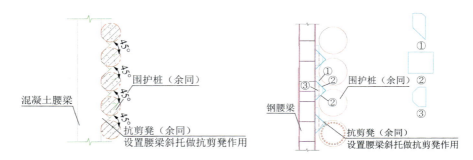

图 6-17 围护桩桩间抗剪凳详图

6.2.3 复杂环境深大基坑设计

1）项目概况

金湖广场站为 3 号线第 14 座车站，为 1、3 号线通道换乘车站。本站为地下四层双柱三跨结构，采用岛式站台，负一层为物业层，负二层为站厅层，负三层为设备层，负四层为站台层。本站南、北两端盾构井均为盾构吊出井。车站主体结构外包总长 150.0m（不含围护结构），标准段宽 25.1m（不含围护结构），结构高度为 26.92m。站台宽度为 16m，有效站台长度为 120m。车站顶板覆土约 3.5m。本站主体基坑采用明挖顺作法施工，采用 1200mm 地下连续墙 + 内支撑的支护体系。车站周边道路、建（构）筑物情况如图 6-18、图 6-19 所示。

2）地面道路及交通状况

车站位于金湖路与民族大道交叉口北侧，沿金湖路南北方向布置。民族大道为南宁市主干道，道路红线宽 60m，现状为双向 6 车道，两侧为非机动车道，车流量及人流量均较大，交通繁忙。施工期间应尽量减少对民族大道交通的影响，确保民族大道双向 6 车道的交通畅通。

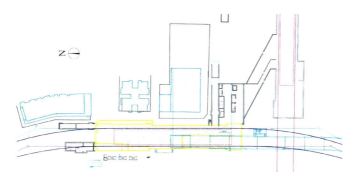

图 6-18　金湖广场站及周边环境情况

a) 金湖东下穿通道及金湖广场

b) 车站东侧高层建筑

c) 金湖路：自北向南

d) 民族大道：自西向东

图 6-19　金湖广场站周边环境

金湖路道路红线宽 40m，局部道路红线宽 25m。金湖路与民族大道交叉路口下为金湖东下穿通道，该下穿道结构宽度为 14.1m，为单向双车道，一侧设置为非机动车道。

3）邻近建（构）筑物情况

邻近建（构）筑物情况汇总见表 6-5。

邻近建筑物情况表　　表 6-5

序号	建（构）筑物名称	基础及支护形式
1	现代国际大厦	28 层框架结构，一层地下室，桩筏基础，静压预制 450mm×450mm 方桩，桩长 12～15m
2	金碧苑小区住宅楼	22 层框架结构，一层地下室，桩筏基础，基础采用 500mm×500mm 的静压预制桩，桩长 7～12m
3	东方曼哈顿办公楼	26 层框架结构，二层地下室，桩筏基础，基础桩采用压入式预应力混凝土预制管桩（PHC）桩，桩长 12.0m，基坑开挖采用锚杆支护

续上表

序号	建（构）筑物名称	基础及支护形式
4	金湖广场	民族大道北侧（北广场）为地下两层结构，基底高程为：64.00m；民族大道南侧（南广场）为地下一层结构，基底高程为：69.2m，基坑开挖采用锚杆支护

4）车站基坑围护结构

基坑采用地下连续墙+内支撑支护结构，支护结构形式如图6-20～图6-23所示。第一道支撑主要为混凝土支撑，其中右侧端头井（南端头井）角撑为钢支撑；第二～四道支撑均为混凝土支撑，其中第四道支撑为对撑，第五道支撑主要为钢支撑，两端头井采用混凝土支撑。

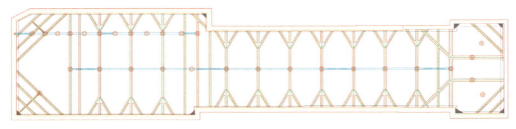

图6-20　第一道支撑平面布置图

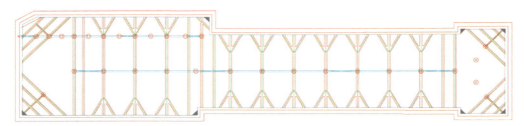

图6-21　第二、三道支撑平面布置图

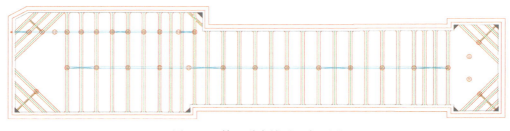

图6-22　第四道支撑平面布置图

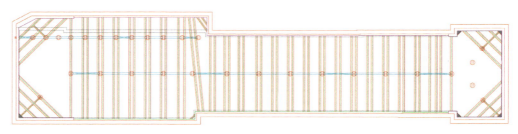

图6-23　第五道支撑平面布置图

5）三维有限元建模分析

（1）计算原理

结合基坑的开挖深度、周边建（构）筑物的布置，选取计算模型尺寸为550m×450m×69m。有限元总体模型如图6-24所示。模型节点数为250217，六面体实体单元数为232996，板（one layer shell）单元数为16579，梁（beam）单元数为5877，渗透（seepage）面单元数为18288。

模型的边界条件为：顶部自由，四周及底部限制法向位移，底边限制三个方向的位移。四周为透水边界，底部为不透水边界。

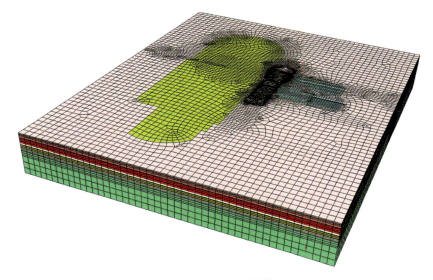

图6-24 有限元总体模型

（2）计算模型

基坑整体的支护结构由地下连续墙、对撑梁、腰梁、斜撑梁、立柱及立柱桩组成，其整体有限元模型如图6-25所示，支护结构与隧道之间的位置关系如图6-26所示。

（3）设计结果

根据基坑开挖对周边环境的数值计算影响分析，基坑工程的施工对既有现代国际大厦和金碧苑小区的影响计算结果汇总如下：

在基坑采用分层开挖、分层支护，未采取地下连续墙及建筑物间土体加固以及未分区分段施工的情况下，基坑的开挖施工导致的地墙变形以及周边沉降均小于所参照的广西壮族自治区工程建设地方标准所表述的控制值。而基坑开挖引起的既有现代国际大厦和金碧苑住宅楼的差异沉降（整体倾斜）增量远小于《建筑地基基础设计规范》（GB 50007—2011）所给出的高层建筑地基变形控制标准。对应的最大沉降量也远小于《建筑地基基础设计规范》（GB 50007—2011）所给出的沉降控制标准。

在采取了地下连续墙及建筑物间土体加固以及分段施工的情况下，地下连续墙变形得到了很好的控制，满足一级基坑的控制要求，同时也显著减小了既有建筑的沉降和倾斜增量，有助于降低施工过程中的风险。

采用沿地下连续墙外侧的坑外加固技术，对控制坑外土体变形以及减少建筑物沉降有一定效果，但程度有限。

针对本工程的特定地质情况，如含砂层及圆砾层深厚，易导致流沙，计算无法模拟，而这却是可能导致坑外土体沉陷及建筑物沉陷的主要原因，因此确保地下连续墙止水效果和防止流沙措施到位（坑外设置足够的抢险降水井）是十分重要和关键的。

因此，按本工程的基坑支护设计及施工方案进行基坑开挖支护施工对周边既有建筑的影响较小，可有效确保施工过程中建筑物的安全。

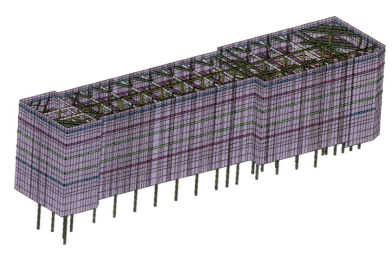

图 6-25　基坑整体支护结构有限元计算模型

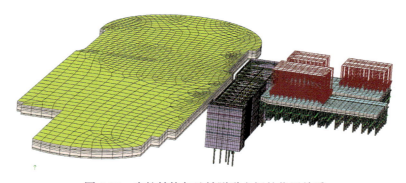

图 6-26　支护结构与地铁隧道之间的位置关系

6.2.4　超深地铁车站设计

1）工程概况

青秀山站受到站前区间下穿青秀湖，站后区间下穿邕江和青秀山风景区影响，车站埋深较深，车站中心里程处埋深约为 52m。

青秀山站站址选址复杂，位于青山路与凤岭南路交叉路口以西，横跨凤岭南路布置，站位西南侧为英华路—青山路立交。站位北侧为八角楼（4层）及金汇如意坊（仿古牌坊）等低层餐饮商业建筑，西侧为秀山花园小区（8层），南侧为青秀山风景区（4A级风景区）。

如图6-27所示，青秀山站所处地层主要为泥岩、粉砂质泥岩层和粉砂岩以及粉细砂岩，地质条件差。泥岩层（⑦$_{1\text{-}3}$）主要矿物成分为伊利石、高岭石和绿泥石等，其沉积时代较新，固结程度弱，成岩作用差，具有一定的膨胀性。粉砂岩、泥质粉砂岩（⑦$_{2\text{-}3}$）的渗透系数均达到1m/d，地层渗透性强，属极软岩，且风干易散、开裂，局部地层遇水软化崩解。

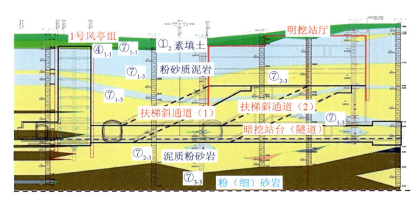

图6-27 青秀山站地质条件

2）施工方案比选

根据车站现有的边界条件，项目组研究了多个方案，最终确定了四个方案进行综合比选（表6-6）。

（1）方案一为地下四层明挖、暗挖分离岛式车站，车站由明挖四层结构、暗挖站台、小竖井、斜通道组成。车站总长：195.9m，标准段宽：9.6m，线间距：32.7m。车站共设置4个出入口、3组风亭，分别位于凤岭南路两侧。

（2）方案二站位与推荐方案大致相同，采用明暗挖结合方案，暗挖站台位于凤岭南路下，明挖结构设置在凤岭南路南侧，共设置4个出入口、3组风亭，均位于道路两侧。车站为地下五层明挖结构，地下一层、二层为风道夹层，地下三层为站厅层，地下四层为设备层，地下五层为转换层。

方案三为两端明挖地下七层、暗挖分离岛式站台车站，地下一、二、三、六层为设备层，地下五层为站厅层，地下七层为站台层，共设置4个出入口、3组风亭，均位于道路两侧。在凤岭南路两侧明挖七层基坑，再往中间暗挖站台。

方案四站位其他方案均不同，车站位于凤岭南路与青山北路交叉路口，横跨凤岭南路布置，为分离岛式车站。车站采用明暗挖结合工法，北段站厅与南端风亭组采用明挖法施工，站台、连接两侧站台的横通道采用暗挖法施工。车站共设置3个出入口、2组矮风亭组，沿青山北路两侧设置。

车站方案比选表 表 6-6

对比项	方案一	方案二	方案三	方案四
站位	暗挖站台下穿凤岭南路，明挖站厅位于凤岭南路北侧	暗挖站台下穿凤岭南路，明挖站厅位于凤岭南路北侧	暗挖站台下穿凤岭南路，明挖站厅位于凤岭南路北侧	位于凤岭南路与青山北路交叉路口，明挖站厅位于青秀山公园
工法	明挖四层+暗挖站台+小竖井+斜通道	明挖四层+暗挖站台+小竖井+斜通道	明挖七层+暗挖站台+小竖井	明挖站厅+暗挖站台+小竖井+斜通道
客流吸引	客流吸引好，过街功能良好	客流吸引好，过街功能良好	客流吸引好，过街功能良好	客流吸引差，过街功能一般
车站规模	长195.5m，宽39.6m，面积：24099m²	长195.5m，宽39.6m，面积：27857m²	长275.9m，标准段宽40m	长196m，标准段宽39.6m
站台埋深	深埋站厅，站台至站厅提升高度小	浅埋站厅，站台至站厅提升高度大	深埋站厅，站台至站厅提升高度小	深埋站厅，站台至站厅提升高度小
施工难度	步骤较多，难度较大，工期较长	步骤较多，难度较大，工期较长	步骤较少，难度较小，工期稍短	步骤较多，难度较大，工期较长

3）确定方案

经过综合比较，最终确定设计方案如图6-28所示，站厅层共四层（局部三层），为三柱四跨结构，采用明挖法施工。站台层采用暗挖法施工，左右线站台通过横通道连接，站台层与站厅层通过斜扶梯通道相连接。站厅层与站台层采用4个小竖井相连接。左、右线站台隧道毛洞跨度为10.9m，高度为10.05m；横通道毛洞跨度为11m，高度为9.3m；斜扶梯通道高度为12.8m，跨度为11m。

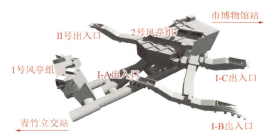

图 6-28 青秀山站 BIM 模型

斜扶梯通道与正线隧道的最小水平净距为3.45m，站台层隧道与明挖站厅层竖向净距约为18.7m。车站设置4个出入口、3组风亭，分别位于凤岭南路两侧。

车站采用明暗挖结合设计，并综合利用站位所在山体地形，最大限度减少土方量及工程造价，兼顾了车站功能和工程投资的平衡。针对车站地势高差大的问题，本站在南宁市轨道交通首次采用了山体侧出风亭、边坡侧出出入口、半埋式垂直电梯及疏散口、挂壁高风亭等多种新型附属设计。集约车站断面设计对断面进行精细化设计，在满足车站功能工艺的前提下，最大程度地减小了断面尺寸，降低了车站实施风险。对于明暗挖结合车站常存在的站厅分散、车站建筑功能差的特点，采用了厅台错位建筑手法，在用地极为紧张的情况下，保持了单站厅设计；由于四层明挖站厅结构受周边地块限制，同时站点位于景区大门，为应对突发客流，将安检设备布置于出入口通道，减少对站厅空间拥挤压力。

针对车站明暗挖结合设计存在的技术难题，采取了诸如成岩大降深群井降水施工技术、长大桩柱高精度定位及控制技术、软岩地层微扰动机械开挖施工技术、地下群洞立体互通施工组织新技术、超深基坑高效开挖施工组织措施等创新，本站在施工时实现了站台层无水作业环境作业，车站施工完成后地表沉降小于 10mm，对周边生态环境及建构筑影响小，同时满足车站工期目标，保障了 3 号线的顺利开通。车站实景如图 6-29 所示。

a) 车站明挖站厅

b) 站台层横通道与站台隧道

图 6-29 车站实景

6.2.5 岩溶区明挖基坑处理

邕江以南勘察范围内可溶性岩分布范围广，且地下水活动频繁，岩溶较发育。溶洞大小不一，主要为充填性溶洞，个别为空洞，溶洞充填物主要为软塑至可塑状黏性土及稍密状中粗砂，局部含硬塑状黏性土和灰岩溶蚀碎块；溶洞发育不规律，有的钻孔内溶洞呈串珠状发育。

经过总体组、工点设计的研究，结合岩溶处理的专家审查意见最终确定了车站范围岩溶处理的原则、范围以及做法。

1）处理目的

（1）减小围护结构在施工时产生坍塌的风险。

（2）预防溶洞在地下水作用下迅速发展，减小后期运营的风险。

（3）预防未查明的溶洞、岩溶通道在基坑开挖时的突、涌水对基坑及周边建（构）筑物的破坏，提高砂土地基抗岩溶局部坍塌的能力，提高车站结构的安全性。

2）溶土洞的处理范围

（1）对于基坑围护结构轮廓线外 5m 且基底以下 10m 范围的溶（土）洞均进行处理（基坑开挖范围内溶洞不作处理）。

（2）对于施工中新发现的溶洞，应立即停止施工，撤离危险区域，通知设计方、业主代表等，制定岩溶安全处理措施，方可继续进行施工。

3）地面溶（土）洞的处理方法

地面溶（土）洞采用充填注浆的方法进行处理。

（1）根据溶（土）洞的充填情况进行调整。

半填充、无填充溶（土）洞应充填砂砾、碎石（密实度应不小于稍密）后注浆；全填充溶（土）洞应根据填充物的情况确定是否处理，流塑、软塑状黏性土采用注浆充填处理；原则对可塑、硬塑黏土不作处理，开放式的溶洞不作处理。

（2）根据溶（土）洞的规模进行不同处理措施的调整。

①对全填充的溶（土）洞采用水泥浆压力注浆填充。

②对洞径大于 2m 的无填充、半填充溶（土）洞先先采用水泥砂浆进行填充，再采用水泥浆进行压力注浆填充。

③对洞径小于 2m 的无填充、半填充溶（土）洞，直接采用水泥浆进行压力注浆填充。

④对于大于 3m 无填充溶、土洞和半填充溶、土洞（含特大溶洞），可采用 $\phi 200$ 的 PVC（聚氯乙烯）套管充填砂砾、碎石后注水泥浆。

⑤规模较大的溶洞应加密钻探，进一步探明岩溶的范围，然后进行处理，以揭示到岩溶的钻孔为基准点，沿溶（土）洞平面范围方向间隔 2.0m 施作一排注浆钻孔，以基本找到洞体边界为止，或探测至结构外 5m 为止；若洞体为有限边界，最外排孔未见洞，则该孔不需注浆，应向内收缩一孔为边孔，注水泥浆；若岩溶腔体较大，最外圈注浆孔注水泥水玻璃双液浆，其余内圈孔注水泥浆单液浆；若未找到洞体边界，在距结构外 5m 处施工一排注浆孔，注水泥水玻璃双液浆为止浆墙，控制注浆边界、减少注浆的范围及注浆量。

（3）充填注浆需根据溶（土）洞所处的深度、地层条件分别采用振动沉管及钻孔埋管进行注浆。

①埋深较浅、发育土层为砂土层的土洞，可采用振动沉管方式进行充填注浆。

②溶洞需先成孔，再埋注浆管，并封闭溶洞顶板、注浆管与孔壁间的间隙后才能注浆。

（4）充填注浆需边注浆边摸查溶（土）洞的规模及处理后的状态。

摸查方法：先进行溶（土）洞平面范围的试探测，初步估算溶（土）洞的规模后再向周边布设检查孔，检查孔采用 2m 间距梅花形布置。检查孔除注意检查溶洞的延展状况外，尚需检查注浆充填状况，发现注浆不饱满的，需利用检查孔继续注浆。

4）注浆材料及主要设计参数

（1）注浆工艺

岩溶处理注浆可采用袖阀管注浆，管径、材质及注浆参数根据现场试验和承包人施工经验选取。

（2）注浆材料

①纯水泥浆：采用 42.5 级普通硅酸盐水泥，水灰比 $= 0.8:1 \sim 1:1$。

②双液浆：水泥采用 42.5 级普通硅酸盐水泥；水玻璃：模数 $m = 2.4 \sim 3.2$，浓度°Bé 不应小于 40。注浆前，应进行现场试验，通过降低水玻璃的浓度以调节双液浆混合可泵性，以满足浆液在溶洞中的扩散。

③速凝剂：速凝剂掺量宜为胶凝材料质量的 2%～10%。当原材料、环境温度发生变化时，应根据工程要求，经试验调整速凝剂掺量。

④速溶剂：注水泥砂浆前应进行现场试验，适当添加速溶剂，速溶剂掺量根据供方的推荐掺量以及现场试验来确定。

(3) 注浆压力和注浆量

① 周边孔、止浆墙：以相对小压力、多次数、较大量控制；压力 0.2～0.8MPa，3～4 次。

② 中央孔：压力按 0.2～1.0MPa 控制，3 次。

③ 注浆速度：30～70L/min。

④ 注浆扩散半径：填充物为粉质黏土和粉质黏土混风化岩碎屑按照 1.5m 设计，填充物为砂、风化岩碎屑按照 2～2.5m 设计。

(4) 注浆间歇时间

注浆间隔时间为 6～10h。

(5) 灌砂浆

① 灌砂浆材料采用 42.5 级普通硅酸盐水泥和中砂，在现场拌制，配合比为水泥：砂：水 = 1：5.7：1，流动度为 70mm。

② 灌砂浆可利用两砂浆孔相互作为出气孔，当砂浆不能继续灌入时停止灌注。

具体施工时参数应根据时间情况、现场试验进行调整，施工前应进行现场注浆试验，注浆参数根据试验情况进行调整，注浆量和注浆有效半径通过现场试验确定。

6.2.6 车站与市政项目衔接结构处理

平良立交站（原平乐大道站）是 3 号线与 2 号线东延线的换乘车站。3 号线车站总长 443.4m，标准段宽 22.9m，标准段深 15.6～21.8m。3 号线车站为地下二层局部三层岛式站台车站，2 号线车站为地下四层岛式站台车站。

3 号线车站与上方下穿框架桥合建，框架桥里程 YDK27 + 935.361—YDK28 + 030.398。车站施工顶板（框架桥底板）预留钢筋接驳条件。车站主体结构及框架桥影响范围内附属结构施工完成后方可修建上部框架桥结构。

该范围围护结构采用钻孔灌注桩 + 内支撑围护形式。围护桩桩顶位于框架桥底板底，现状地面放坡至围护桩桩顶，围护桩兼做抗浮构件。

车站顶板与下穿道重合部分兼做下穿道的底板。车站的受力、抗浮设计等均综合考虑下穿道的影响。有效合理反映下穿道与车站之间的受力互相作用关系，施工时要求施工单位根据下穿道的设计预留下穿道框架结构钢筋。

车站顶板施工独立外防水层，对于下穿道侧墙处进行收头处理并且要求施工时注意做好临时保护措施。侧墙防水卷材上铺保证与下穿道侧墙的防水闭合。在满足车站外防水要求的同时满足下穿道的防水施工要求。

6.3 小结

(1) 3 号线地下结构的设计以地质勘察资料为依据，根据《城市轨道交通岩土工程勘察规范》(GB 50307—2012)按不同设计阶段的任务和目的确定工程勘察的内容和范围，考虑不同施工方法对地质勘探的特殊要求，通过施工中对地层的观察和监测反馈进行验证。

暗挖结构的围岩分级按《城市轨道交通岩土工程勘察规范》(GB 50307—2012)《铁路隧道设计规范》(TB 10003—2016)综合确定。

（2）地下结构的设计减少了施工中和建成后对环境造成的不利影响，充分考虑城市规划引起周围环境的改变对结构的作用。位于城市主干道下的车站顶板覆土不小于3m；位于城市次干道下的车站顶板覆土不小于2m。对于特殊地段可根据规划部门的意见，覆土厚度作相应的调整。对分期建设的轨道交通线路，应根据南宁市轨道交通线网规划，合理确定了节点形式并预留远期实施条件。

（3）地下结构的设计充分考虑工程要求并根据沿线不同地段的工程地质和水文地质条件及城市总体规划要求，结合周围地面既有建（构）筑物、管线及道路交通状况，通过对技术、经济、环境影响和使用效果等综合评价，合理选择施工方法和结构形式。在含水地层中，采取可靠的地下水处理和防治措施。

（4）地下结构的设计根据施工方法、结构或构件类型、使用条件及荷载特性等，选用与其特点相近的现行结构设计规范和设计方法，结合施工监测进行信息化设计。

（5）车站及区间结构设计满足建筑、运营、施工、防火、防水、防杂散电流等要求。

（6）地下结构的设计按照施工和正常使用阶段，进行了结构强度的计算，以及相应进行刚度和稳定性计算。对于混凝土结构，进行了抗裂验算或裂缝宽度验算。当计入地震荷载或其他偶然荷载作用时，不验算结构的裂缝宽度。

（7）地下结构进行抗震设计时，根据设防要求、场地条件、结构类型和埋深等因素选用能较好反映其地震工作性状的分析方法，并采取了必要的抗震措施，提高结构和接头处的整体抗震能力。

（8）地下工程的工程材料根据结构类型、受力条件、使用要求和所处的环境等选用，并考虑了可靠性、耐久性和经济性。主要受力构件应采用混凝土或钢筋混凝土材料，必要时也采用了金属材料。

（9）全线严格控制工程施工引起的地面沉降量，其允许数值应根据沿线不同地段的地面建筑、地下构筑物及管线等的实际情况确定，并因地制宜采取措施。

（10）地下结构设计的净空尺寸满足建筑限界和其他使用及施工工艺等要求。

（11）盾构法施工的区间隧道的覆土厚度一般小于隧道外轮廓直径，如特殊地段埋深较浅时，均采取了相应保证措施。

（12）盾构法施工的平行或重叠隧道间的净距，根据工程地质条件、埋置深度、盾构类型等因素进行确定，一般不小于隧道外轮廓直径。当因功能需要或其他原因不能满足上述要求时，应在设计和施工中采取必要的措施。

（13）暗挖法施工的平行隧道间的净距，根据隧道所处的围岩情况、断面尺寸、施工方法、爆破振动影响等因素综合确定，并满足《铁路隧道设计规范》（TB 10003—2016）中的有关规定。部分因功能需要或其他原因不能满足上述要求时，隧道衬砌结构予以了加强，并采取适当的辅助施工措施和开挖方式，确保施工及使用安全。

第 7 章

车辆段设计

7.1 设计成果

7.1.1 概述

根据《南宁市轨道交通 3 号线心圩车辆段方案设计》及专家审查意见，心圩车辆段段址最终选定在南宁市高新区心圩镇。该段址位于南宁绕城高速公路以东、新际路西侧、那秧坡以南的规划地块内，起点站科园大道站附近，车辆段段址大致呈东西走向，占地面积约 28.9hm^2。现状主要为荒地，少量农耕菜地，地势平坦开阔，自然条件较好，如图 7-1 所示。

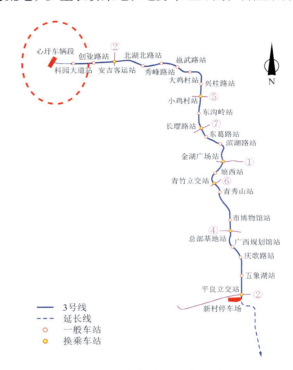

图 7-1 车辆段位置示意图

7.1.2 设计成果

1）主要工作量及设计规模

车辆段的规模根据管辖范围内列车运行交路、配属列车数、列车编组、车辆技术参数和检修制度确定。配属车辆情况见表 7-1，规模计算见表 7-2，按走行公里与时间周期计算的检修规模配置分别见表 7-3 和表 7-4。

配属车辆表　　　　　　　　　　　　　　　　　　表 7-1

项目	2022 年	2029 年	2044 年	系统规模
列车编组（辆）	6	6	6	6
运用车（列）	23	37	43	53

续上表

项目	2022年	2029年	2044年	系统规模
备用车（列）	3	3	4	0
检修车（列）	2	3	4	4
配属车（列）	28	43	51	57

规模计算表　　　　　　　　　　　　　　　表 7-2

修程		2022年（初期）	2029年（近期）	2044年（远期）	系统规模
年走行公里（列·万 km）		308.56	482.27	553.32	682.77
年检修工作量（列/年）	大修	2.57	4.02	4.61	5.69
	架修	2.57	4.02	4.61	5.69
	定修	15.43	24.12	27.66	34.14
	三月修	82.28	128.66	147.53	182.07
	双周检	514.27	804.12	922.05	1137.95
检修列位（列）	大修	0.40	0.62	0.71	0.88
	架修	0.23	0.35	0.41	0.50
	定修	0.48	0.74	0.85	1.05
	三月修	0.79	1.24	1.42	1.75
	双周检	1.23	1.93	2.21	2.73

按走行公里计算的检修规模表（单位：列位）　　　表 7-3

修程	2029年（近期）		2044年（远期）		系统规模	
	计算规模	设计规模	计算规模	设计规模	计算规模	设计规模
大修	0.62	0	0.71	0	0.88	0
架修	0.35		0.41		0.50	
定修	0.74	1	0.85	1	1.05	1
三月检	1.24	5	1.42	5	1.75	5
双周检	1.93		2.21		2.73	

按时间周期计算的检修规模表（单位：列位）　　　表 7-4

修程	2029年（近期）		2044年（远期）		系统规模	
	计算规模	设计规模	计算规模	设计规模	计算规模	设计规模
大修	0.56	0	0.71	0	0.80	0
架修	0.32		0.41		0.46	
定修	0.64	1	0.82	1	0.91	1
三月检	0.93	5	1.18	5	1.32	5
双周检	1.54		1.96		2.19	

车辆段规模的确定，需要按走行公里和时间计算检修工作量，根据计算结果，取规模较大者确定设计规模（表 7-5）。

设计检修、运用设施规模表（单位：列位）　　　　　表 7-5

修程	初期		近期		远期		系统规模	
	心圩车辆段	平乐停车场	心圩车辆段	平乐停车场	心圩车辆段	平乐停车场	心圩车辆段	平乐停车场
厂架修	0	0	0	0	0	0	0	0
定修	1	0	1	0	1	0	1	0
周月检	3	2	3	2	3	2	3	2
停车列检	13	24	13	24	26	24	26	24

2）综合维修中心

各系统和设备的定期检修与故障维修工作均由综合维修中心承担，包含全线的线路、隧道、桥梁、建筑、机电设备和供电、环控、给排水、自动售检票、防灾报警、设备监控、通信、信号等各系统的工程设施和运营设备的运行管理与巡检、维修工作。

综合维修中心由工务车间、机电车间、供电车间、通号车间与综合管理中心、轨道车库及内燃机车库、材料堆场等设施组成。

3）物资总库

物资总库由物资仓库与车辆段备品库等组成。有关工务、建筑、供电、机电、通号等工种的部分专业材料，以及配件、部件等存放于物资仓库内。车辆零配部件以及必需的检修零配部件则存放在车辆段备品库内。物资总库为一层建筑，局部二层，建筑面积 2769m²。

另设有露天堆场、杂品存放间等设施，并与车辆段和综合维修中心共用。

物资总库不设燃油储存、发放设施，基地内各种客、货运载车辆及内燃调机的燃油供应，均委托社会专业化的企业提供。

4）总平面布置

车辆段总平面布置以车辆运用检修和定期检修设施为主体，充分考虑综合维修中心、物资总库和其他设备设施的功能要求及工作性质，按有利生产、方便管理和方便生活的原则进行统筹安排。总平面布置的主要原则如下：

（1）车辆段按近期规模设计，系统按远期规模预留。

（2）车辆段用地应符合城市规划，贯穿节约能源和节约用地的方针，尽量减少房屋拆迁工程量。

（3）积极推广新技术、新工艺、新材料和新设备，推行设备国产化。同时应进行相应的调研、认证和审批。

（4）车辆段应有完善的消防措施，总平面布置、房屋建筑、设备和材料的选用等均应符合防火规范的要求。

（5）厂区所产生的废气、废液、废渣和噪声等应进行综合治理。环境保护设施应与主体工程同时设计、同时施工、同时投产。

（6）车辆段总平面布置以车辆运用检修为核心，充分考虑其他功能设施及相互联系，满足有利生产、确保安全、方便管理、方便生活的要求。

（7）车辆段的线路、房屋、设施和设备的布置应根据生产性质、作业要求，并结合地形、地质、水文和气象条件，充分考虑消防、卫生、通风、采光、绿化、环境保护和城市规划等方面的要求，力求做到布局紧凑、工艺顺畅、作业方便、经济合理。

（8）车辆段应结合地形条件，合理布置排水系统和道路。

（9）车辆段的生活、服务设施尽可能集中设置，有条件时应考虑社会化需求。

（10）车辆段应设围蔽设施并设门卫室。围蔽设施应结合环境条件，选用通透美观、经济适用的结构形式和材料，并应考虑尽量减少对周围环境的影响。

（11）出入段线的布置，应满足出入段能力的需要，并应考虑与系统的协调性。

5）线路配备及布置

车辆段线路应根据车辆段的功能和车辆检修工艺要求，结合各种布置方案合理布置，以满足生产的需要。

（1）出入段线：设出段线和入段线各1条。

（2）洗车线：供列车外部清洗作业使用，设1条。根据采用机械洗刷的工艺要求，洗车线采用尽端式布置，且洗车机前后应有一列车以上的有效长度。

（3）停车列检线：主要承担列车的停放、检查和日常清扫工作，停车列检线停车能力为13列位，远期预留13列位。列检位设宽1.2m、深1.4m的检查地沟。

（4）定修线：承担全线列车的定修作业，仍以检查作业为主，设1线1列位，采用架空式设计，设柱式检查坑，坑底高程−1.4m，检查坑两侧设高程−1.0m的作业面作为低位作业面，其两端设10%的斜坡与库两端衔接。

（5）临修线：临修线设1列位，与定修线合库，按1列位长度设置。

（6）三月检/双周检线：三月检、双周检按共用作业台位设计，设3股道，每线设1列位，采用架空式设计，设柱式检查坑，坑底高程−1.4m，检查坑两侧设高程−1.0m的作业面作为低位作业面，其两端设10%的斜坡与库两端衔接。

（7）不落轮镟线：供列车定期镟轮作业使用，要求不落轮镟床前后有一辆车长度的直线段。

（8）牵出线：供段内调车作业使用，有效长度不小于160m。

（9）内燃机车停放线：停放车辆段内燃调机，设1条。

（10）工程车停放线：停放维修中心各种轨道车、平板车等，设2条。

（11）试车线：供列车检修后的动态调试、新车调试及验收使用。

6）房屋配备和厂房组合

（1）停车列检棚，边跨布置有辅助生产用房。

（2）联合检修库，包括周月检库、静调库、定临修库及辅助生产间。

（3）洗车库、镟轮库，合建成一栋独立建筑。

（4）内燃机车库、工程车库及救援中心，合并组成一栋独立建筑。

（5）混合变电所和废水处理站，各一处。

（6）办公楼、综合维修中心、派出所，各一处。办公楼共6层，食堂设置于一、二层；综合维修中心为五层建筑，一层为各检修车间，二～五层为各检修工区等；派出所设置于三层。

（7）消防站。

（8）物资总库。

（9）门卫。

7) 主要设备和设施

为实现车辆段及综合基地的各项功能，车辆段及综合基地根据车辆检修和设备维修的需要配备各种机电设备，包括起重机、架车机、搬运车辆、机械加工设备、电焊设备、整流设备、试验设备、探伤设备、变配电设备及各种电机、风机、水泵等常用机电设备。

车辆段的主要设备和设施有：

（1）车辆段设列车自动洗车机、不落轮镟床、固定式架车机、调车机车、起重运输设备、探伤设备、焊接设备、试验设备、化验设备、变配电设备等通用设备和专用检修设备，以及为生产服务的运输和交通车辆。

（2）停车列检棚内设柱式检查地沟，可进行列车的车下检查作业，满足列车每两天进行一次技术检查和日常维护保养的需要。

（3）联合检修库根据作业需要，双周/三月检及定修线路采用架空设计，并设双层作业平台，以方便作业。

（4）试车线设普通壁式检查坑1座。

此外，车辆段还设有牵引供电、给排水、动力照明、消防及通信、信号等完善的设备设施。

8) 总平面布置

车辆段总平面布置为顺接尽端式，整体呈南北向布局。出入段线从科园大道站接轨，穿越规划新际路接入车辆段中部。

试车线平行布置于绕城高速公路东侧，长1240m。

停车列检棚和联合检修库横向并列布置于段址南侧，停车列检棚规模根据专家核减，布置13股道，共26列位，每一股道后一列位为远期预留，联合检修库布置周月检线3股、静调线1股、定修线1股、临修线1股。停车列检棚规模核减后，将洗车库及镟轮库尽端布置，贴建于停车列检棚西侧，洗车库东北侧设置在线检测棚。

轨道车库及内燃机车库布置于咽喉区东侧，轨道车库及内燃机车库与联合检修库之间设置废水处理站，物资总库布置于联合检修库南侧，邻近次出入口。

出入段线两侧各设一条牵出线。出入段线东南侧从北向南依次布置有司机宿舍、办公楼、混合变电所、综合维修中心。主出入口接于规划新际路，邻近办公楼。

派出所单独布置在厂区北侧，靠近新际路，形成独立分区。

推荐方案总平面布置如图 7-2 所示。

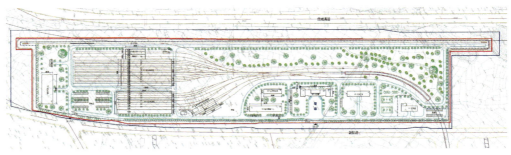

图 7-2　推荐方案总平面布置图

9）主要指标

用地面积：28.93hm²。

围墙内用地面积：25.48hm²。

总建筑面积：70632m²。

绿化率：38.99%。

7.2 设计重难点

1）合理确定车辆检修周期及车辆段规模

轨道交通车辆检修是为了保证车辆行车安全和可靠性，减少车辆出现先期破坏的可能性，坚持"保养和检查并重，预防修理为主"的原则。目前，国内城市轨道交通一般采用定期检修为主、检查和检修相结合的综合检修制度，这种制度包含了定期维修、故障维修、改善维修等多种方式。

轨道交通车辆检修理念和方式随着现代制造技术和车辆设计水平的提高而不断发展和改善。由于车辆制造工艺水平的提高和模块化、电子化以及微机技术的运用，车辆检修的内容、方式、修程改变和调整都有较大的影响，车辆维修虽以定期检修为主，但检修频率和检修内容及方式都在不断地调整，主要体现在以下两个方面。

（1）诊断性维修，又称状态维修、视情维修：根据设备（零部件）实际技术特点来确定维修时机，它不针对设备（零部件）规定的固定拆卸分解范围和维修期限，而是在状态监测和技术诊断的基础上，掌握设备（零部件）变化，在高预知度的情况下，适时安排预防性修理工作。诊断性维修要求对设备（零部件）配置专门的故障诊断单元，或开发实用、快捷、准确的故障诊断技术和诊断装置。

（2）维修周期的改进和调整：延长定期检修间隔；增加定期检查频率；简化定修，主要是减少部件拆卸工作量。

目前，车辆检修作业方式有现车修和换件修两种。

现车修是将待修车上的零部件，经过修理消除其缺陷后，仍安装在原车上。这种作业方式，除报废零件需要更换外，其他零部件均在等待修理后装回原车。其优点是可减少备用零部件的数量，缺点是常因等待零件而延长停修时间。

换件修是指将待修车上分解下来的零部件，经修理后可以装到其他车上的修理方法。优点是最大限度地缩短停修时间，提高修车效率；缺点是不仅要求有足够的备用零部件，而且还要求有一定数量的互换件。

从提高修车效率出发，车辆检修宜采用以换件修为主、部分零部件现车修为辅的检修作业方式。但换件修需占用较多的资金，目前南宁市轨道交通网络还处于起步阶段，不宜占用过多的轨道交通建设资金，因此本阶段推荐采用现车修为主、换件修为辅的方案，随着南宁市轨道交通网络的逐步形成，再逐步扩大换件修的范围。列车运用工艺流程与列车检修工艺流程分别如图 7-3 和图 7-4 所示。

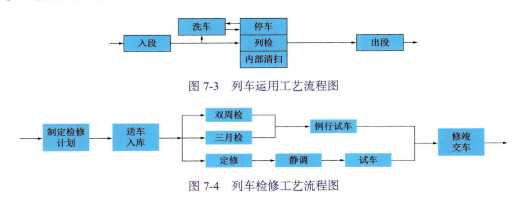

图 7-3 列车运用工艺流程图

图 7-4 列车检修工艺流程图

结合南宁市轨道交通线网已建线路情况及 3 号线选用车型，合理确定本线车辆检修指标，见表 7-6。

检修修程及检修周期 表 7-6

修程	检修周期		检修时间（d）
	走行公里（×10^4km）	时间	
大修	120	10 年	35
架修	60	5 年	20

续上表

修程	检修周期		检修时间（d）
	走行公里（×10⁴km）	时间	
定修	15	1.25 年	7
月检	3	3 月	2
周检	0.5	15 天	0.5
列检	—	每天或双日	—

根据 3 号线车辆检修工作量及采用的检修工艺，心圩车辆段的规模确定为停车列检 13 列位（远期预留 13 列位），周月检 3 列位，定修、临修、静调各 1 列位，镟轮线、洗车线、试车线、材料线、练兵线各 1 条，调机及工程车线 3 条。

由于新村停车场工期滞后，线路运营初期由心圩车辆段承担全部列车的停放及周月检作业，故心圩车辆段停车列检棚按远期 26 列位一次建成。

心圩车辆段可满足以下功能：①车辆停放及日常保养功能；②车辆检修功能；③列车救援功能；④设备维修功能；⑤系统维修功能；⑥材料供应功能；⑦技术培训功能。

2）因地制宜、集约布置，节省用地面积

心圩车辆段总平面布置历经多次优化，对联合检修库与停车列检棚顺接布置、倒装布置，综合楼分栋布置、合并布置等方案进行了详细比选，最终确定总平面布置如下：

出入段线从科园大道站接轨，穿越规划新际路接入车辆段。车辆段以联合检修库、停车列检棚为主体，顺向并列式布置，且均为尽端式。洗车库、镟轮库连跨布置于停车列检棚北侧，尽端式布置。

受限于段址长度不足的问题，在线检测棚无法布置于咽喉区，为保留车辆段在线检测功能，考虑调整工艺流程，将在线检测棚与洗车库共线布置，既不增加用地面积，也不增加股道数量，充分体现了因地制宜、经济适用的原则。在线检测棚土建近期建设、设备远期预留。列车清洗完毕，出库时进行在线检测作业，随后再牵出线折返进入停车列检棚。

试车线平行布置于段内最北侧，绕城高速公路东侧，长约 1240m，满足 B 型车 80km/h 全速试车要求。

材料线与调机工程车线兼顾使用，位于咽喉区东南侧接出段线，出入段方便、快捷，场内作业顺畅。材料线旁设材料堆场，满足新车接车要求。

练兵线位于综合维修中心西北侧，满足作业人员实操培训需求。

厂前区位于出入段线东南侧，布置有综合维修中心、办公楼、司机公寓和远期预留发展用地，房屋整体布置紧凑、整齐。物资总库、易燃品库位于大库尾部，物资流转快捷、顺畅。

车辆段内道路环形布置，满足人流、物流和消防要求，使得各分区、建筑物、车间之间联系方便、便捷。主要道路按双车道或消防车道考虑，路宽 7m；次要道路按单行车道考虑，路宽 4m。设有 2 个出入口与外界道路连接，主出入口邻近厂前区，接规划新际路；次出入口位于车辆段西南角，接规划新际路。

为了更好地践行南宁海绵城市建设发展理念，填补国内车辆段项目海绵城市建设的空白，心圩车辆段充分考虑现状，设计融入了海绵城市建设理念，将传统车辆段打造成"生态海绵、绿色环保"为主题特色的海绵车辆段（图7-5）。

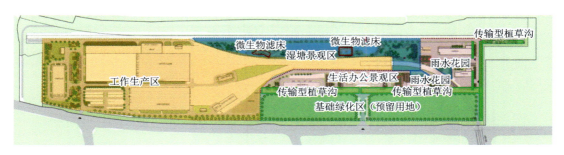

图7-5　车辆段海绵布置示意图

结合"渗、滞、蓄、净、用、排"六字方针，心圩车辆段通过增加透水铺装、下凹式绿地、雨水花园、生态停车场、植草沟、湿塘、雨水收集回用等措施，收集轨行区雨水，使之进入生态湿塘调蓄，以改善湿塘水质、提升雨水回用率。

上述海绵设备与设施需要占用车辆段相当一部分面积，而节约用地是我国经济建设的基本方针，在当前提倡建造集约型社会，保证城市轨道交通建设可持续发展的形势下，本车辆段设计采用了以下措施：

（1）试车线与咽喉区间不便利用的夹心地作为湿塘景观区。

（2）雨水回用设施设置于地下，地上布置生态停车场和篮球场，立体布置以提高土地利用率。

（3）利用建筑物间狭长或不规则形状的零星用地，设置传输型植草沟及雨水花园等，挖掘土地潜力。

最终实现海绵布置与节约用地统筹兼顾，取得良好的社会效益与经济效益。

3）海绵车辆段设计

海绵车辆段在满足车辆段功能需求的前提下，充分利用场地条件，实现项目总体目标，设计措施如图7-6所示。

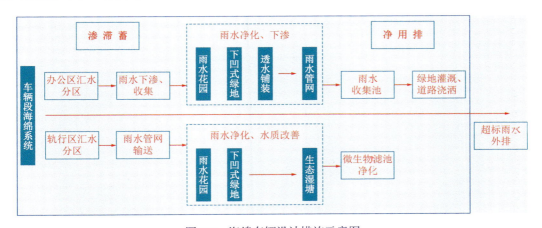

图7-6　海绵车辆设计措施示意图

（1）雨水花园

雨水花园（图7-7）属于生物滞留设施的一种，一般在地势较低的区域，通过植物、土壤和微生物系统蓄渗、净化径流雨水。生物滞留设施通常布置在产生径流的源头区域，包括道路绿化带、停车场、密集建筑等附近区域。对于径流污染严重、设施底部渗透面距离季节性最高地下水位或岩石层小于1m及距离建筑物基础小于3m（水平距离）的区域，可采用底部防渗的复杂型生物滞留设施。

图7-7　心圩车辆段雨水花园

（2）雨水收集及处理系统

雨水储存系统采用塑料模块组合水池，适用于较大规模雨水收集。雨水集蓄池是一种雨水收集设施，主要作用是削减雨水管渠峰值流量。该设施既能规避雨水洪峰，实现雨水的循环利用，又能避免初期雨水对承受水体的污染，还能对排水区域间的排水调度起到积极作用。

屋面和地面雨水径流通过雨水管道汇流排放到雨水调蓄池及景观水体前，设置初期雨水弃流设施，将含污染物较高的初期雨水截留排放，仅收集水质良好的中后期雨水径流，降低后续雨水处理成本。雨水收集系统采用渗透弃流或弃流池的方式，自动控制弃流一般分为时间控制和水量控制两种，其中水量控制又分为流量控制和雨量控制等。"优先流法弃流"，也称为"容积法弃流"，指雨水在进入集雨池前必须经过一个拥有一定容积的初雨池，当初雨池流满之后才能进入集雨池，集雨池的容量就是初期弃流的流量。这种方法比较简单实用，只要初期径流的流量不是很大，完全可以承担起初期截污的作用。雨水回用设施原理及建设过程如图7-8所示。

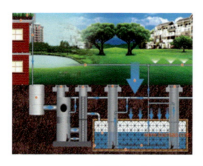 

图7-8　心圩车辆段雨水回用设施原理及建设过程

（3）透水铺装

透水铺装（图 7-9）按照面层材料可分为透水砖铺装、透水水泥混凝土铺装和透水沥青混凝土铺装，嵌草砖、园林铺装中的鹅卵石、碎石等也属于渗透铺装。这种方式主要适用于广场、停车场、人行道以及车流量和荷载较小的道路。

图 7-9 心圩车辆段透水铺装

（4）下凹式绿地

下凹式绿地（图 7-10）指低于周边铺砌地面或道路 200mm 以内的绿地；具有一定的调蓄容积（在以径流总量控制为目标分解或设计计算时，不包括调节容积），且可用于调蓄和净化径流雨水的绿地，包括生物滞留设施、渗透塘、湿塘、雨水湿地、调节塘等。对办公区内、地下停车场区域之上的绿地进行下沉式设计。绿地种植面高程低于周边铺砌地面或道路 200mm 以内，下凹式绿地内设置溢流口（如雨水口），保证暴雨时径流的溢流排放，溢流口顶部高程一般应高于绿地 50～100mm。道路雨水直接或经过路缘石开口进入下凹式绿地。部分绿地下凹 100mm，部分路面及周边绿地雨水先进入下凹绿地，多余雨水通过绿地内的溢流口溢流至雨水管网。

图 7-10 心圩车辆段下凹式绿地

（5）生态湿地公园及微生态水处理

湿塘是指常年保持一定水域面积且具有拦截、临时蓄存径流雨水，并通过限制最大流量的排水口慢慢将雨水引入雨水排放系统或受纳水体等的低洼区，又称水塘。湿塘的主要功能是滞流雨水、调节流量，延长排放时间，同时具有一定的净化功能，一般用以削减峰值流量，同时雨水也可作为其补水水源。

湿塘宜结合绿地、开放空间等场地条件，设计为多功能调蓄水体，即平时发挥正常的景观及休闲、娱乐功能，小雨时储存一定的径流雨水以控制外排水量、补充景观用水需求，暴雨发生时发挥调节功能、削减峰值流量，实现土地资源的多功能综合利用。

湿塘一般位于低影响开发雨水系统的末端，宜在场地的最低点设置，通常布置于汇水面的下游、场地雨水排入城市雨水系统的出口之前，以便充分发挥其对外排径流峰值流量的调节作用。

当植物种植和养护恰当时，湿塘可以形成良好的水生动植物生态环境（图7-11），形成水体景观，有利于打造海绵示范区。

图7-11 心圩车辆段生态湿地公园及微生态水处理

（6）传输型植草沟

心圩车辆段在消防站、派出所、办公楼、司机公寓、综合维修中心及物资库等周边道路边设置下渗效果好的传输型植草沟，如图7-12所示。

图7-12 心圩车辆段传输型植草沟

植草沟指种有植被的地表沟渠，可收集、输送和排放径流雨水，并具有一定的雨水净化作用，适于设置在建筑不透水面的周边，可用于衔接其他各单项设施、城市雨水管渠系统和超标雨水径流排放系统，也可作为生物滞留设施、湿塘等低影响开发设施的预处理设施。

植草沟下凹150mm，换填原绿地种植土层以下土壤为碎石及中粗砂，满足雨水下渗的要求，同时将附近的雨水口移动至植草沟内，或者增设溢流式雨水口。除传输型植草沟外，建筑物一般还可设置渗透型的干式植草沟及常有水的湿式植草沟，分别用于提高径流总量和径流污染控制效果。

4）建筑综合体并栋设计

车辆段功能繁杂，生产、生活、办公房屋众多。心圩车辆段在设计时以建筑整合为设计思路，充分研究生产、生活、办公用房功能，调整优化工艺流程，采取必要的措施整合并栋,减少单体数量。

车辆段内房屋主要有停车列检棚、洗车库、镟轮库、周月检库、静调库、定修库、临修库、运用车间、辅助生产间、物资总库、在线检测棚、内燃机车库及轨道车库、综合维修中心、废水处理站、混合变电所、办公楼、食堂、浴室、洗衣房、司机公寓、易燃品库、信号楼、跟随所、派出所、消防站、门卫等近30多个功能各异的生产、生活、办公用房。

按照便于管理、利于共用、有利安全的原则,项目组将这些生产、生活、办公用房进行分类合并。

停车列检棚、运用车间、信号楼整合并栋为停车列检棚,周月检库、静调库、定修库、临修库、辅助生产间、跟随所整合并栋为联合检修库,办公楼、食堂整合并栋为办公楼,浴室、洗衣房、司机公寓整合并栋为公寓楼。

整合并栋后,整个车辆段内建筑单体减少至16栋,最大程度节约了土地,实现了资源共享。

5)绿色节能设计

为积极响应国家节能环保的号召,项目组对车辆段的办公楼、综合维修中心和厂房辅跨办公区按照公共建筑节能设计标准进行设计,其他建筑也尽量按同标准设计。

下面就本线建筑物设计中采用的节能措施进行介绍:

(1)合理规划空间布局及控制体形系数

对于依靠自然通风降温的建筑,空间布局应比较开阔,窗口应设置较大面积以利用自然通风。而设有空调系统的建筑,其空间布局应十分紧凑,尽量减少建筑物外表面积和窗洞面积,以降低空调负荷。

体形系数的定义是建筑物外表面积 F 与其所包围的体积 V 的比值。对于相同体积的建筑物,体形系数越大,说明单位建筑空间的热散失面积越高。研究表明,体形系数每增大0.01,能耗指标约增加2.5%。因此,出于节能考虑,建筑设计时应尽量控制建筑物的体形系数。但如果出于造型和美观的要求,需要采用较大的体形系数时,应尽量提高围护结构的热阻能力。

(2)增强建筑围护结构的保温隔热性能

增强建筑围护结构的保温隔热性能,可以直接有效地减少建筑物的冷热负荷。据有关资料介绍,围护结构的传热系数每增加 $1W/(m^2·K)$,在其他工况不变的条件下,空调系统设计计算负荷增加近30%。所以改善建筑外围护结构的保温性能是建筑设计的首要节能措施。

①使用环保、节能型墙体材料

使用环保、节能型墙体材料,可以有效减少围护结构间的热传递,从而减少各主要设备的容量,达到显著节能的效果。建筑设计时采用新型墙体材料与复合墙体围护结构,并在进行经济性、可行性分析的前提下,在墙体内外侧敷设保温隔热的新材料。

②隔离太阳辐射热

垂直墙面可采用外廊、阳台、挑檐阳等遮阳设施和浅色墙面、反射幕墙、植物覆盖绿化等来隔离太阳辐射热。

③尽量使用新型保温节能门窗

建筑设计时采用热阻大、能耗低的节能材料，如新型保温节能门窗可大大提高热工性能。同时，还要特别注意玻璃的选材。玻璃窗的主要用途是采光，但由于玻璃窗的耗冷量占制冷机最大负荷的20%～30%，冬季单层玻璃窗的耗热量占锅炉负荷的10%～20%，因而控制窗墙比在30%～50%范围内，窗玻璃尽量选两层玻璃。同时可以根据实际需求采用部分特性玻璃，如吸热玻璃、反射玻璃以及贴有隔热遮光薄膜的玻璃等。

④合理控制窗墙比

门窗是建筑能耗散失中最薄弱部位，其面积约占建筑外围护结构面积的30%，其能耗约占建筑总能耗的2/3，其中传热损失为1/3。所以门窗是外维护结构节能的重点，建筑设计时在保证日照、采光、通风、观景条件下，尽量减少外门窗洞口的面积。

⑤设置遮阳设施

建筑设计时设置遮阳设施，并考虑空调设备的位置。为减少阳光直接辐射屋顶、墙、窗及透过窗户进入室内，建筑设计可采用外廊、阳台、挑檐、遮阳板、热反射窗帘等遮阳措施。门窗的遮阳设施可选用特种玻璃、双层玻璃、窗帘或遮阳板等。

⑥提高门窗的气密性

有资料表明，房间换气次数由0.8次/h降到0.5次/h，建筑物的耗能可降低8%左右，因此设计中应采用密闭性良好的门窗，通过改进门窗产品结构，提高门窗的气密性，防止空气对流传热。

（3）采用绿化改善建筑节能效果

绿化对厂区气候条件起着十分重要的作用，它能调节气温及碳氧平衡，减弱温室效应，减轻城市的大气污染，减低噪声，遮阳隔热，是改善区域微小气候、改善建筑室内环境、节约建筑能耗的有效措施。

7.3 小结

心圩车辆段自2014年开始设计，至2019年中顺利运营，历时5年。心圩车辆段投入使用后，得到了政府有关部门及建设、运营、设计、监理、施工等各单位的一致好评。

心圩车辆段是全国第一个建成并投入使用的真正意义上的海绵车辆段，它有效吸纳了自身的雨水径流，并收集轨行区雨水将其导入生态湿塘，在营造丰富景观的同时有效调蓄场站雨水，一定程度上将片区内的雨水循环恢复到建设前的状态，实现了自然净化和自然循环。此举通过减轻雨水初期径流对城市水环境的污染，减缓了雨水排放不畅给车辆段运行带来的不便和安全隐患，具有显著的社会效益。

改造工程完成后，心圩车辆段的年径流总量控制率跃升至68%，年径流污染物削减率高达50%，雨水利用率显著提升至9.6%，年均可节约用水20123.4t，节约水费约38637元，实现了资源的高效利用与节约。同时，车辆段的景观效果大幅提高，环境明显改善。

基于心圩车辆段的成功实践，多家单位共同编制了全国首个城市轨道海绵车辆段技术指南与图集、海绵车辆段施工工法，发表了多篇学术论文，申请了多项技术专利，为南宁市城市轨道交通低影响开发的设计提供了坚实的理论支撑与实践指导。心圩车辆段设计荣获"2020年度广西优秀工程勘察设计成果市政工程设计二等奖"。

第 8 章

停车场设计

8.1 项目概况

新村停车场项目位于南宁市五象新区,绕城高速公路以北,良玉大道以南,平乐大道以西的地块内,征地面积 46.3hm²,其中停车场围墙内用地面积 21.3hm²,停车场总建筑面积(不含大盖)95293.18m²,建筑占地面积 179051.73m²。

新村停车场为 2、3 号线共址建设停车场,主要承担 2 号线和 3 号线部分配属车辆的停车、运用、整备、日常维修及故障维修工作,2 号线和 3 号线总定员人数为 459 人。

新村停车场为南宁市第一个上盖物业开发车辆基地,包括停车场用房以及预留开发用地,在运用库和咽喉区进行了上盖物业开发,其盖板面积约为 17.2 万 m²。该停车场建筑功能主要包含停车列检库、洗车库、月检库、工程车库、混合变电所、材料库、污水处理站、综合办公楼、派出所、门卫等,盖上盖物业的主要业态为公园和低密度高端住宅,如图 8-1 与图 8-2 所示。

图 8-1 新村停车场上盖物业开发鸟瞰图

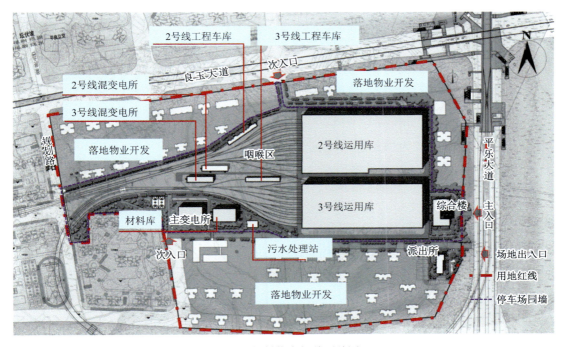

图 8-2 新村停车场盖下总图

8.2 设计成果

8.2.1 广西首个车辆基地上盖开发项目设计

轨道交通建设能够快速、明显地改善沿线站点地区交通的可达性，从而推动站点周边一定范围内的产业发展、土地价值提升。目前，我国城市用地日益紧张，城市轨道交通沿线用地更是弥足珍贵，而车辆段、停车场用地面积大，难以发挥土地的最大效益。因此，近年来，结合车辆段、停车场进行物业开发，集约利用土地，提高土地利用率，成为显著趋势。

在开发论证阶段，新村停车场周边还是农村、荒地，距离最近的某商业地产售价仅5500元/m²，周边物业价值不足以支撑在新村停车场上盖进行物业开发。经科学论证，结合轨道交通建设对城市发展的提升作用，3号线一期工程的开通将极大提升土地利用价值，最终选择结合周边白地一体化开发新村停车场上盖物业。

物业开发是一项错综复杂、需经多轮严谨论证的综合性工程，开发业态、开发强度直接决定需要预留的荷载标准，这也是进行盖下停车场设计的最直接输入条件。回顾过往，物业开发历经数次重大调整，物业开发方案的不稳定成为制约盖下停车场设计的重要因素。然而，轨道交通建设工期紧张，开通节点已经确定。停车场的建设不能耽误整条线的开通，参建各单位必须确保其按期完成。

为此，项目组积极与上盖物业团队配合，反复推敲方案，多次组织专家论证，终于在盖下施工图出图之前确定了上盖物业开发方案。

物业开发方案确定后，项目组考虑初期满足轨道交通功能，预留近远期物业开发建设条件，成功攻克了超限、消防、大型屋面排水、岩溶强发育地区的大型基础方案选型等一系列技术难题。利用车辆段、停车场进行物业开发有利于集约利用土地，提高土地利用率，切实减轻轨道交通建设和长期运营对城市财政造成的压力，同时还为轨道交通系统培育了稳定的客流基础，实现了轨道交通与城市发展的良性互动与双赢局面。

8.2.2 岩溶强发育区大型厂房基础选型设计

鉴于项目所在地岩溶强发育（图8-3），且根据设计高程，场地施工需要采取半挖半填的方式。如何在确保工程安全的同时选定一种既科学合理又经济可控的基础设计方案和岩溶处理方案，是项目组面临的重难点。

南宁市岩溶发育，岩溶处理技术相对成熟，但轨道交通停车场运用库的单体面积大，荷载大，沉降控制严格，且要预留上盖物业开发条件，如此情况下的岩溶处理前所未有。为了攻克这个技术难题，广州地铁设计研究院股份有限公司技术专家团队在南宁驻扎了一个月，带领大家分析研究方案，项目组对摩擦桩、嵌岩桩、筏板基础、条形基础等基础方案分别建模测算，并对每一种基础形式对应的岩溶处理方案组织专家论证，最后结合经济指标，进行综合比选。前后历时 7 个多月，历经几十余次专家论证，最终确定了筏板基础的浅地基方案。筏板基础极大利用了溶洞上方土层的承载力，同时规避了大部分溶洞的处理工作，大大降低了岩溶处理成本。

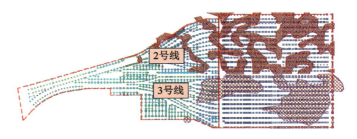

图 8-3　新村停车场岩溶发育情况

最终现场施工达到了设计预期的效果，岩溶处理费用也大大降低，并且工程量可控。

8.2.3　高边坡支护设计

本工程建设涉及征拆工作，勘察进场难度大，初步设计时基本无地质勘察资料，同时边坡高度高，边坡下方涉及运用库、管沟，边坡中部有进场道路，还涉及后期开发等问题，十分复杂。如何进行方案设计，准确估算投资是本工程的难点。初步设计时根据场地周边几个钻孔资料，结合经验，制定了道路下方采用桩板式挡土墙，道路上方采用格构梁加锚杆、锚索、植草等的护坡方案。

施工图设计阶段地质资料比较齐全，设计时根据地质资料对初步设计成果进行了核查，初步设计制定的方案基本满足工程要求，同时根据地质资料对初步设计可优化的部分进行了优化，提出了更加合理可行的方案，具体为：将南侧高边坡桩径约 1.5m×2m、桩中心距约为 4m 的人工挖孔桩方案，调整为桩径 1.8m 的旋挖桩方案；将南侧高边坡的 1∶2～1∶1.5 放坡＋格梁锚杆支护方案，调整为 1∶2 放坡＋挂三维网喷播植草方案，取消边坡锚杆；将高边坡坡上的钢筋混凝土栏杆，调整为抗滑桩盖梁上设置防撞围墙；对南侧高边坡里程 ABK0＋460～ABK0＋870 段的桩板墙方案进行深化设计，将 ABK0＋460～ABK0＋520 段、ABK0＋853～ABK0＋870 段长度约 77m 的桩板墙优化为普通挡土墙，在保障工程安全的前提下大大节约了工程造价。

8.2.4　伸缩缝处理设计

因本项目为一体化上盖物业开发停车场，其屋面为超大屋面，且屋面上方存在物业开发，开发业态为住宅和景观绿化等内容，故其变形缝的处理非常重要，不但要考虑其防水性、耐久性，同时还需要考虑其盖上盖下的防火性能。经过对各种伸缩缝处理方式的比选研究，本项目伸缩缝的处理除了采用防水防火材料满足防水和防火要求外，还对其进行了耐久性的加强，如图 8-4 所示。

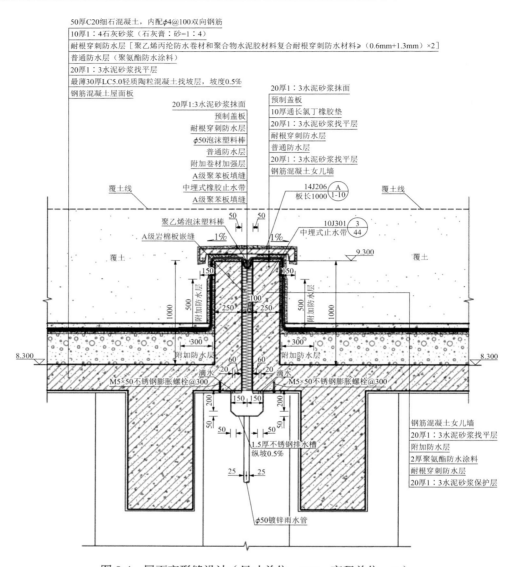

图 8-4 屋面变形缝设计（尺寸单位：mm；高程单位：m）

8.2.5 成果总结

新村停车场作为南宁市第一个上盖物业开发的车辆基地，解决了前期规划、超限论证、消防论证、岩溶处理方案论证、高边坡方案论证等一系列技术难题，可为后续类似项目的建设提供参考和借鉴。

在上盖物业开发方案不稳定，且方案频繁调整的前提下，项目组顶住压力，发挥不怕苦、不怕累的精神，合理筹划出图计划，一边配合调整，一边加班加点，保证出图节点，既保证了现场施工进度，又确保了上盖物业开发方案的优化合理。

新村停车场经历两轮的方案设计、初步设计审查，各种专项技术方案专家咨询审查会无数，最终各项技术方案均经受住了现场考验，节省了投资，控制了造价。

8.3 设计重难点

8.3.1 配合上盖开发

1）与上盖物业开发建筑接口情况

（1）上盖提资：上盖设计提供了现阶段的上盖设计总图作为本项目设计的资料文件。

（2）接口：采用耐火极限满足消防要求的结构顶板作为二部物业开发的安全疏散平台，并用作上、下部分的分隔。配合设备专业的接口设计，预留外线等设施及设备的位置。

（3）基本情况：初步设计中上盖开发范围根据上盖设计提供的上盖开发设计总平面图确定。经设计方沟通商定并参照以往上盖设计经验，划定物业公司与地铁公司承建的分界线为运用库及咽喉区上盖顶部。厂房部分盖顶高程 9.30m，局部达到 14.70m；咽喉区部分盖顶高程 8.30m。运用库及咽喉区部分预留二级开发需求。

运用库上部为二级开发小汽车库，运用库上盖覆土厚度 1.50m，在上盖开发前对此上盖做临时上盖防水排水。

咽喉区上盖覆土厚度 1.50m，局部预留 2～3 层建筑荷载及行车荷载。

（4）上盖物业开发通过景观轴线的营造，巧妙地将盖上部分自然地分成三个大组团空间，并结合各个区域邻近的城市空间，进行精细化布局。平乐大道紧邻商业，城市空间开放性强，沿平乐大道一侧打造高端洋房区，提升了居民出行购物的便捷性。沿良玉大道一侧打造大平层和复式结合的叠加别墅区，提升了居住品质。靠近咽喉区的一侧，上盖开发的西南角位置，从景观条件和私密性来讲，均为最佳，在此打造叠拼别墅区，将上盖物业的整体开发水准推向了新的高度。

（5）上盖物业开发作为独立的项目主体，因一体化项目的特殊性，上盖物业的市政管线接口、电梯集水坑接口及上盖物业本身小市政系统需要与停车场设计充分对接，本项目针对以上情况做了充分的预留预埋，通过降板、边缘结构预留牛腿等方式，为后期一体化开发提供了最有利的条件，同时保证了停车场的正常运营。

2）与上盖物业开发建筑预留情况

交通预留：上盖物业共设置两处消防车上盖坡道，一是从北侧良玉大道进入场地，通过坡道（坡度不大于 8%）到达上盖平台；二是从南侧规划路到达上盖大平台。盖上小汽车库设置三个出入口与上盖衔接，分别位于南北两侧。盖下结构预留条件，以便上盖施工衔接。

3）影响及措施

噪声：由于库顶物业开发，库内通风条件较差，为了增加机械通风，停车场在库侧墙安装轴流风机，轴流风机工作带来较大噪声，因此在上盖平台边缘设置声屏障或防抛网等，减少上盖开发与车辆基地运营之间的影响。

8.3.2 岩溶区基础方案

1）地质和岩溶发育情况

根据本项目详细勘察报告，揭示地质和岩溶发育情况如下：

（1）地质情况

本项目地质情况从上至下为：杂填土①$_1$、素填土①$_2$、粉质黏土②$_{3-1}$、黏土⑥$_{1-1}$、粉质黏土⑥$_{1-2}$、含砾（卵）石黏性土（⑥$_{4-1}$、⑥$_{4-2}$、⑥$_{4-3}$）、胶结卵石⑥$_{6-2}$、胶结卵石⑥$_{6-3}$、中风化灰岩⑧$_{H3}$层。岩层埋深15～30m。

（2）岩溶发育情况

2号线场地为岩溶强发育区，3号线场地为岩溶中等发育区。

溶洞以全填充软塑性土为主，也有半填充、无填充溶洞，基本在岩层下较浅处发现。此外，在岩土交接面共发现4个土洞。

2）方案对比

施工图阶段结合岩溶处理方案对条形基础方案、筏板基础方案、嵌岩桩基方案、摩擦型桩基方案进行了研究、对比。

（1）从岩溶处理工程量的角度分析

依据详细勘察报告对4种基础方案的岩溶处理工程量的估算，对比结果为：嵌岩桩基方案＞摩擦型桩基方案＞条形基础方案＞筏板基础方案。岩溶处理设计需要对岩溶进行专项勘察，对岩溶进行探边，工程量难以准确计算，费用难以控制。与其他方案相比，筏板基础方案可以尽量避免岩溶处理，避免不可控因素，有利于工程量及工程风险控制。

（2）从总投资（基础＋预估岩溶处理费用）的角度分析

对比结果为：摩擦型桩基方案＞嵌岩桩基方案＞筏板基础方案＞条形基础方案。

（3）从工程风险及沉降控制的角度分析

条形基础在垂直轨道方向跨越溶洞的能力较小，工程风险较大，整体性较差；筏板基础由于框架两个方向上有基础梁，遇溶洞时跨越能力较好；嵌岩桩基方案岩溶处理工程量风险较大。

3）结论

本项目初步设计阶段由于拆迁原因，勘察人员未能进场，未能提供岩溶发育情况的报告，因此采用桩基础方案进行设计。在得到详细勘察报告后，结合岩溶发育情况，对岩溶处理及基础设计的综合造价进行了多方面对比，并结合本地及全国岩溶处理专家的意见，最终确定了安全性高、风险小、经济的筏板基础方案。该方案对类似地质的工程具有借鉴意义。

8.3.3 结构超限审查

1）初步设计阶段结构概况

运用库概况：停车场上盖尺寸为304.2m×315.5m，根据盖上建筑物布局及考虑结构超长问题,将结构自停车库分为 A、B、C、D 四个区。

以 A 区为例说明结构概况:

(1)平面布置:A 区 X 向长 158.500m,柱跨 20 跨;Y 向长 173.400m,柱跨 14 跨。A 区盖上分布 12 栋 5 层双拼小高层洋房及 4 栋 4 层单拼小高层花园洋房,均采用剪力墙结构。

(2)竖向布置:首层为运用库库房,层高 9m,二层为盖上开发区域部分小汽车库,层高 5.6m,首层、二层为框架结构。二层上部为 4~5 层洋房,为框架-剪力墙结构。

本项目存在扭转不规则、平面凹凸不规则、刚度突变、尺寸突变、构件间断不规则超限项,属于特殊类型高层建筑(上部剪力墙全部不落地)。

2)结构超限分析

针对不规则超限项的问题,设计团队提出了相应的加强措施,并提出了合适的性能优化目标。结构超限于 2018 年 8 月通过了南宁市住房和城乡建设厅的审查。

(1)超限的结构计算及布置措施

本项目采用了 YJK 模型和 SATWE 模型进行计算和相互校核,模型计算的结果一致,取多模型的内力包络值进行设计;采用弹性时程分析作为加速度反应谱的补充分析手段,按地震加速度反应谱与时程分析包络值进行设计。

本项目针对超限情况,通过设定比较合理的抗震性能目标,采用 SATWE 进行中震、大震作用分析,验算关键构件承载力,保证其满足中震、大震性能目标要求。对于多塔结构采用单塔与多塔分别计算,对两者不同性能目标的计算结果进行包络图设计,确保结构的安全性。

盖上住宅剪力墙平面对称、均匀布置,在建筑允许的条件下尽可能加强周边剪力墙布置,加大结构整体抗扭刚度,控制考虑偶然偏心的扭转位移比尽量不超过 1.2,严禁超过 1.4。

设计时根据系统专业要求,适当加大盖下框架柱、转换梁截面,加大抗侧移刚度。协调首层与二层之间及转换层与其上层剪力墙部分的刚度比,使之尽量满足《高层建筑混凝土结构技术规程》(JGJ 3—2010)第 3.5.2 条要求,并指定二层为薄弱层,薄弱层地震力放大系数取 1.25[《高层建筑混凝土结构技术规程》(JGJ 3—2010)第 3.5.8 条]。

首层与二层刚度比不满足《高层建筑混凝土结构技术规程》(JGJ 3—2010)第 3.5.2 条要求,根据《超限高层建筑工程抗震设防专项审查技术要点》表 3 即本节表 5-3 第三条,首层与二层刚度比必须控制在 0.5 以上,结构为薄弱层,薄弱层地震力放大系数取 1.25。

调整首层与二层框架柱截面,使其满足上下层受剪承载力变化小于 80% 的要求。

根据《高层建筑混凝土结构技术规程》(JGJ 3—2010)第 3.9.3 条,考虑本工程结构形式的特殊性,增强下部框架结构的安全储备,将下部框架部分抗震等级提高至一级抗震,住宅结构加强区抗震等级二级,构造按抗震等级一级考虑;加强区以上部分按抗震二级考虑。

（2）结构构造措施

底部框架及住宅加强区竖向构件采用 C50~C60 高强混凝土，增加结构构件的抗剪、抗弯承载力。

框支柱及框架转换梁采用型钢混凝土，增加承载力及构件的延性，提高结构整体的抗震能力；一般转换梁采用钢筋混凝土梁；梁、板混凝土采用 C50 混凝土。

加强转换层及上下层楼板厚度和配筋，增强转换部位上下层结构的整体刚度。转换层及下层楼板厚度采用 250mm，双向拉通配筋，每层每向配筋率不低于 0.25%；转换层上层剪力墙结构楼板厚度不小于 160mm，双向拉通配筋，每层每向配筋率不低于 0.25%。

加强住宅底部加强区剪力墙布置，首层墙厚为 250~300mm，水平及竖向配筋率提高至 0.4%~0.8%；墙体两端按约束边缘构件设置。

3）结论及意义

设计团队通过合理的结构布置和详细深入的计算分析，使得结构侧向刚度和承载力变化沿高度尽量均匀，并加强底部框架的延性。对结构关键部位和关键构件进行细致计算分析并采取有效的构造措施，结构体系可以很好地满足重力荷载要求和相应的抗震设防水准要求，实现既定的抗震性能目标。结构方案可行。

本项目可为 7 度设防烈度区底部为框架、上部为剪力墙结构体系的设计提供参考。

8.4 小结

本项目自 2014 年中标历时 7 年之久，完整经历了 3 号线一期工程、2 号线东延线等两条线路的方案设计、初步设计、施工图设计阶段，在此期间，上盖物业开发方案颠覆性变化 3 轮。7 年时间，主要项目人员没有变化，保证了设计的连贯性和延续性。

项目实施过程中，克服了很多重大且复杂的技术难题，如高边坡支护方案、岩溶强发育地区的大面积库房盖上开发的结构基础方案及岩溶处理方案、大型屋面防排水设计、伸缩缝防水处理、南宁地区车辆基地特殊消防设计、结构超限设计等。这些问题的解决也依赖于总体单位、咨询单位及业主单位的大力支持，大家群策群力，提出了很好的解决方案和解决思路，也为后续类似项目的实施提供了借鉴和参考。

第 9 章

土建设计

9.1 车辆段海绵设计

2013年12月，中央城镇化工作会议提出了建设"自然积存、自然渗透、自然净化"的海绵城市，海绵城市理念的出现给了南宁全新的发展思路。

2015年4月，住房和城乡建设部等三部委确定包括南宁市在内的首批16座海绵城市建设试点，自此南宁市全面启动国家海绵城市试点建设工作，并陆续发布了一系列相关导则及规范。南宁市的海绵城市规划建设走在了全国前列。

截至2018年6月，南宁市累计实施海绵项目203个，涵盖水生态修复、公园绿地、道路广场、公共建筑、居住小区、排水管网六大类型。南宁市呈现出一幅"河畅、水清、岸绿、景美"的景象。

海绵城市，是新一代城市雨洪管理概念，是指城市能够像海绵一样，在适应环境变化和应对雨水带来的自然灾害等方面具有良好的弹性，也可称之为"水弹性城市"。在新形势下，海绵城市（图9-1）是推动绿色建筑建设、低碳城市发展、智慧城市形成的创新表现，是新时代背景下现代绿色新技术与社会、环境、人文等多种因素的有机结合。

图9-1 海绵城市效果图

目前国内外城市轨道交通系统的车辆段排水技术还停留在以快排和防洪为重点的传统雨洪管理阶段。一方面，城市轨道交通系统在海绵城市低影响开发方面缺乏系统全面的相关导则与技术指南作为借鉴；另一方面，城市轨道交通系统的车辆段对周边水环境的影响一直存在，但由于经济、安全、管理等条件的限制，车辆段的海绵城市研究在国内尚处于起步阶段。在我国海绵城市建设的大背景下，传统城市轨道交通设计部门正逐渐重视海绵城市低影响开发技术，在国内、区内双重研究需求背景下，转变排水思路，将海绵城市理念融入轨道交通系统车辆段建设，是应时而为。

如图9-2所示，心圩车辆段是全国第一个建成并投入使用的"海绵"车辆段。设计团队通过对心圩车辆段雨水低影响开发的研究，遵循生态优先等原则，将自然途径与人工措施相结合，在确保城市排水防涝安全的前提下，通过建设低影响开发设施，充分发挥绿地、道路、池塘水景、蓄水池等水系对雨水的吸纳、蓄渗和缓释作用，最大限度地实现雨水在车辆段内的积存、渗透和净化，有效消减径流，降低对原有地下水系的改变及影响，促进雨水资源的利用和生态环境保护，从而达到减少车辆段雨水排放，降低城市管网排水压力的作用；通过低影响开发措施的不同组合分析及不同方案的研究对比，得出"海绵车辆段"最优开发建设方案，找到车辆段低影响开发措施关键因素与最佳处理措施。

图 9-2　海绵车辆段

为了确保海绵城市在城市轨道交通系统特殊建筑中运用的科学性和合理性，设计团队对车辆段场地实际条件进行系统、深入的调研，筛选并分析了适合车辆段的低影响开发技术，在此基础上提出了车辆段海绵城市方案思路、方案设计、比选优化设计。设计团队对海绵城市建设进行了全面的综合分析和研究，论证实施的可靠程度，提供海绵城市的推广应用标准图集及技术指南。通过模型对其进行模拟和目标指标分析，优化海绵城市方案设计和实现径流总量控制目标的策略与途径。目前，南宁海绵车辆段技术水平处于全国领先水平。

9.2　半成岩地层车站施工降水设计

9.2.1　设计背景

青秀山站位于青山路与凤岭南路交叉路口以东，横跨凤岭南路布置，中心里程处轨面埋深约为52m。车站西南侧为在建立交桥，北侧为低层餐饮商业建筑，西侧为居民小区（8层），南侧为5A级风景区。

综合考虑地块可实施条件、工程风险、消防疏散、工程造价、对客流的吸引等因素的影响，车站最终确定采用明挖与暗挖相结合的方案施工。站厅层采用明挖3层结构（局部4层），站台层采用暗挖法施工，左右线站台通过横通道连接，站台层与站厅层通过斜扶梯通道相连接。站厅层与站台层采用4个小竖井相连接。左、右线站台隧道毛洞跨度为10.9m，高度为10.05m；横通道毛洞跨度为11m，高度为9.3m；斜扶梯通道高度为10.8m，跨度为11m。

9.2.2 工程地质条件

根据 3 号线一期工程青秀山站岩土工程勘察报告（详勘阶段），本车站主体结构基坑开挖深度范围内涉及的地层为填土层、黏土层、粉土层、砂土层、卵砾石土层及古近系岩层共 6 层。车站范围内岩土从上至下依次为：表层为素填土①$_2$，中部为硬塑土、坚硬土、半岩半土泥岩、粉砂质泥岩⑦$_{1-3}$，下部为粉砂岩及粉细砂岩⑦$_{2-3}$。

车站工程影响范围内的地下水主要为上层滞水、第四系松散岩类孔隙水、碎屑岩类孔隙裂隙水。

上层滞水：沿线均有分布，主要赋存于人工填土层和浅部粉土、砂土层中，不同地段含水层的渗透系数相差很大，补给方式各异，补给量悬殊较大，从而形成了上层滞水分布不均匀、水位不连续、高低变化很大的特点。

第四系松散岩类孔隙水：工程地质 I$_2$ 区第四系松散岩类孔隙水主要赋存于透镜体状砂层中，水量较小，无连续水位，与邕江无水力联系，属潜水。

碎屑岩类孔隙裂隙水：碎屑岩类孔隙裂隙水主要赋存于下伏古近系半成岩的粉砂岩和泥质粉砂岩中，参考前期勘察资料及区域水文地质资料，该层地下水承压性高，富水性弱，属弱~中等透水层，隔水顶板为泥岩、粉砂质泥岩，埋深自西部往东渐次变浅。

勘察测量稳定水位埋深为 36m，建议承压水头高程按 82m 计算，位于隧道顶以上 16m，地下水水位年变化幅度为 2~5m。站台层隧道均处于地下水位以下，洞身地层为弱透水地层，渗透系数为 0.8~1.0m/d。地下水将对围岩稳定性产生较大影响，给工程带来较大风险。

9.2.3 设计难点

车站所处地层主要为泥岩、粉砂质泥岩和粉砂岩以及粉细砂岩。泥岩层⑦$_{1-3}$主要矿物成分为伊利石、高岭石和绿泥石等，水平层理构造，沉积时代较新，固结程度弱，成岩作用差，具有一定的膨胀性。粉砂岩层⑦$_{2-3}$呈半岩半土状，局部含泥质，厚层状构造，天然状态下单轴抗压强度为 0.79~2MPa，属于极软岩，且风干易散、开裂，局部地层遇水软化崩解。可见，隧道所处围岩掌子面不能自稳，容易发生松弛、坍塌。因此，开挖前需要提前对隧道围岩进行处理，例如全断面帷幕注浆、冷冻法、水平旋喷桩、降水等。合理有效的围岩预处理方案是车站施工能否顺利实施的关键。

设计初期，评审专家对结构方案进行了多次审查，认为第三系岩层降水技术难度可能很大，容易出现成井困难、渗透性低、抽水困难、含砂率高等问题，建议将重点放在注浆加固上，例如全断面 WSS 注浆（无收缩双液注浆）等。但经过后期对地层的深入勘探（遇水没有瞬间崩解）及抽水试验，结合降水方法具有工效高、工程造价相对较低等优点，项目组再次开展了半成岩地层降水技术的研究。

9.2.4 群井及单井降水试验研究

在进行群井降水设计时,有必要提前进行降水试验。降水试验结果揭示了本地区承压含水层的水文地质参数(表9-1),本节对群井降水方案的可行性及设计参数进行论述。

群井抽水试验所得参数　　　　　　　表9-1

观测井编号	含水层深度（m）	含水层部位	渗透系数平均值（m/d）		储水率（1/m）	单井出水量（m³/h）
			水平	垂直		
GC2	45	隧道顶部	0.7	0.5	2.0×10^{-5}	3.8
GC1	57	隧道地面	0.8	0.8	3.5×10^{-3}	4.7
SY1	68	深层含水层	0.95	0.95	1.5×10^{-4}	5.6
SY2	71.5	深层含水层			1.0×10^{-4}	6.2

根据本次抽水试验成果,在后期降水运行期间,考虑群井效应,单井出水量取 3.0～4.0m³/h。

群井抽水试验完成后,水位恢复较慢,最快约390min,水位恢复近10%;4530min 时(75h)水位恢复近50%;6d 时水位恢复近80%。可见,群井抽水后恢复到初始水位所需要的时间更长,但是从以上单井及群井水位恢复试验的数据也可以看出,在停抽后,短时期水位恢复较快,群井在390min 之内即可恢复到10%,而单井则在40min 之内即可恢复到14%。

考虑降水井的降水效果,即将地下深层水降至隧道底板高度,在隧道暗挖施工时对辅助措施及工法可进行适当的优化,降低施工难度,提高暗挖站台层隧道的施工效率。

在抽水试验期间,地表沉降监测最大累积沉降量为 2.6mm,地面累积沉降在 0.2～2.6mm 范围内,沉降影响小,可以保证地面建筑物的安全。

9.2.5 降水方案

根据参数反演结果,项目组采用 MODFLOW 建立有限差分模型对降水井的位置进行反复演算。计算模型深度为80m,长宽各3000m(图9-3),模拟期为3d,将整个模拟期划分为9 个计算周期。在每个计算周期中,所有外部源汇项的强度保持不变。设计降深为25m,将水位降至隧道拱顶以下 0.5m。

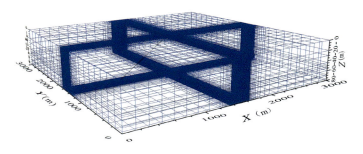

图 9-3　降水模型网格图

由于该工程实例为非闭合空间降水实例，无法采用常规总涌水量统计推演单井水量和降水井数量，因此采用三维数值模拟软件进行减压降水渗流数值计算。地下水流和土体是由固体、液体、气体三相体组成的空间三维系统，土体可以模型化为多孔介质。因此求解地下水问题就可以简化为求解地下水在多孔介质中流动的问题，可以用下述地下水渗流连续性方程及其求解条件来描述地下水的三维非稳定渗流规律。根据与该场地相适应的水文地质条件，可建立下列与之相适应的地下水三维非稳定渗流数学模型：

$$\begin{cases} \frac{\partial}{\partial x}\left(k_{xx}\frac{\partial h}{\partial x}\right) + \frac{\partial}{\partial y}\left(k_{yy}\frac{\partial h}{\partial y}\right) + \frac{\partial}{\partial z}\left(k_{zz}\frac{\partial h}{\partial z}\right) - W = \frac{E}{T}\frac{\partial h}{\partial t} & (x,y,z) \in \Omega \\ h(x,y,z,t)|_{t=0} = h_0(x,y,z) & (x,y,z) \in \Omega \\ h(x,y,z,t)|_{\Gamma_1} = h_1(x,y,z,t) & (x,y,z) \in \Gamma_1 \\ k_{xx}\frac{\partial h}{\partial \boldsymbol{n}_x} + k_{yy}\frac{\partial h}{\partial \boldsymbol{n}_y} + k_{zz}\frac{\partial h}{\partial \boldsymbol{n}_z}\Big|_{\Gamma_2} = q(x,y,z,t) & (x,y,z) \in \Gamma_2 \end{cases} \quad (9\text{-}1)$$

$$E = \begin{cases} S & 承压含水层 \\ S_y & 潜水含水层 \end{cases} \tag{9-2}$$

$$T = \begin{cases} M & 承压含水层 \\ B & 潜水含水层 \end{cases} \tag{9-3}$$

$$S_\mathrm{s} = \frac{S}{M} \tag{9-4}$$

以上式中：S——储水系数；

S_y——给水度；

M——承压含水层厚度（m）；

B——潜水含水层厚度（m）；

k_{xx}、k_{yy}、k_{zz}——分别为各向异性主方向渗透系数（m/d）；

$h(x,y,z,t)$——点(x,y,z)在t时刻的水头值（m）；

W——源汇项（1/d）；

h_0——计算域初始水头值（m）；

h_1——第1类边界的水头值（m）；

S_s——储水率（1/m）；

t——时间（d）；

Ω——计算域；

Γ_1——第1类边界；

Γ_2——第2类边界；

$\boldsymbol{n}_x$、$\boldsymbol{n}_y$、$\boldsymbol{n}_z$——分别为Γ_2边界的外法线沿x、y、z轴方向的单位矢量；

$q(x,y,z,t)$——单位面积的侧向补给量（m³/d）。

经过反复模拟，最终确定的降水井平面间距为10～15m，本项目共布设79口降水井，其中，明挖站厅基坑内降水井兼作基坑开挖所需降水井。降水井平面布置如图9-4所示。

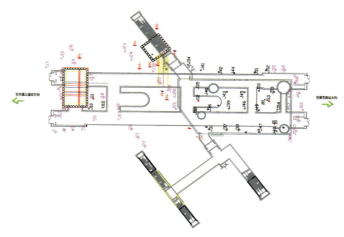

图9-4 降水井平面布置

另外，降水试验中单井及群井水位恢复试验的数据显示（图9-5）：在停止抽水后，短时期内水位恢复较快，群井在390min之内可恢复到10%，而单井则在40min之内即可恢复到14%。所以，工程现场需要确保连续供电，应当预备备用发电机，切换时间建议控制在4h以内。

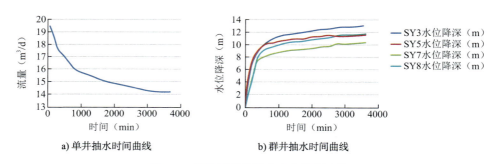

a) 单井抽水时间曲线　　b) 群井抽水时间曲线

图9-5 单井及群井抽水水位恢复比较

9.2.6 降水井工艺

（1）井壁管：井壁管均采用焊接钢管，井壁管直径均为400mm。

（2）过滤器（滤水管）：滤水管的直径与井壁管的直径应相同，所有滤水管外均包一层60～80目的尼龙网，尼龙网搭接长度约为尼龙网单幅宽度的20%～50%。

（3）沉淀管：井底设长度为1m的沉淀管，沉淀管底口用铁板封死。

（4）井底高程为35m的降水井：滤水管长度=42m；沉淀管长度=1m；井壁管长度=H（地面高程）-35m；绿豆砂回填高度=47m；黏土回填高度=H（井深）-47m。

（5）井底高程为 37m 的降水井：滤水管长度 = 40m；沉淀管长度 = 1m；井壁管长度 = H（地面高程）− 37m；绿豆砂回填高度 = 45m；黏土回填高度 = H（井深）− 45m。

（6）井底高程为 55m 的观测井：滤水管长度 = 8m；沉淀管长度 = 0m；井壁管长度 = H（井深）− 8m；绿豆砂回填高度 = 28m；黏土回填高度 = H（井深）− 28m。

降水井管井示意与管井下放现场照片分别如图 9-6、图 9-7 所示。

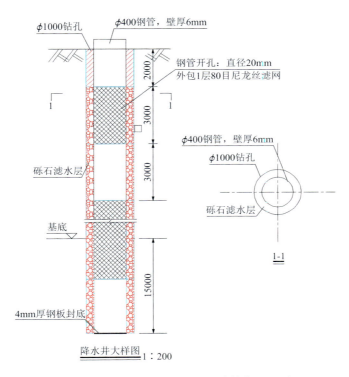

图 9-6　降水井管井示意图（尺寸单位：mm）

图 9-7　降水井管井下放现场

9.2.7 降水效果

通过群井降水，隧道围岩的稳定性得到了大幅度提高。围岩物理力学参数试验结果显示，降水前粉砂岩⑦$_{2-3}$内摩擦角为30°，黏聚力为60kPa；降水后内摩擦角提高为40°，黏聚力提高为600～1000kPa，保证了青秀山站超深管井降水效果，水位降深达到35m以上，暗挖隧道的水位降至隧道底部以下3～5m，确保古近系泥质粉砂岩、粉细砂岩的半成岩富水地层条件下暗挖隧道的顺利开挖，多节点暗挖隧道掘进过程中均处于干燥无水的状态，减少了隧道全断面注浆量，保证了暗挖隧道各工序的顺利推进和关键节点施工的顺利完成。

项目组通过抽水试验确定地层参数，制订降水方案并实施，进一步验证、改进降水效果，直到降水实施及管理的全过程降水施工，形成了一套有效的降水工法。在此过程中通过严密的模拟反演理论推导，改进了降水井洗井工艺，节省了洗井时间，确保了洗井效果，显著降低了降水井洗井后的含砂率及含泥量。该施工工法中的抽水试验、方案形成、降水施工、效果验证等步骤过程控制可靠性高，对地下水位高、地层渗透性弱、要求水位降深大的地下工程降水施工针对性强。通过精选滤料材质及级配，并应用自制洗井器于超深管井施工中，解决了复杂地质条件下滤水器的滤水效果和超深管井洗井难的问题，从而简化了超深管井施工操作。其中超深大直径管井降水技术和自制洗井器分别获得发明专利和实用新型专利授权。

9.3 景区主变电所仿古设计

荔园（青湖）主变电所的建筑方案历经南宁市规划管理局的两轮专家评审与优化，并最终通过广西壮族自治区住房和城乡建设厅专家的审查。荔园（青湖）主变电所坐落于青秀山风景名胜区西北部A区东北角，其设计严格遵循《南宁青秀山风景名胜区A、B、C、D详细规划方案》中"A区规划说明"的第五章要求。在确保变电所运行维护及符合国家规范的前提下，荔园（青湖）主变电所采用了中式仿古建筑风格，以灰白两色为主色调，力求与青秀山风景区西门周边的八角楼、邕州阁等现有建筑和谐相融。

传统中式建筑的精髓——白墙、青瓦、红柱，在荔园（青湖）主变电所的建筑立面造型中得到了巧妙的保留与创新。设计团队因地制宜，将白墙替换为仿古青砖，使建筑更易隐匿于葱郁的林木之中，同时巧妙融入飞椽、戗脊、翘脚、花窗、挂落、角吻等中国古建筑经典元素，经过精心提炼与简化，完美呈现于建筑之上。此外，还巧妙点缀了具有广西民族特色的装饰，如木色挂落及垂柱，共同描绘出一幅清远而高雅的建筑画卷。

为进一步提升生态效益，荔园（青湖）主变电所屋面特别设置了草坪式与低矮灌木相结合的屋顶绿化，不仅增加了绿化覆盖率，还创造了独特的空中景观，兼具吸附尘埃、减少噪声、节约能源消耗等多重功能。站区围墙同样注重绿化设计，采用绿篱、藤本花木及攀缘植物（如爬山虎）进行覆盖，形成一道绿色屏障，有效实现防尘、防噪、遮挡的环保效果。

中式建筑，历经匠人几千年的精心雕琢，一砖一瓦之时、一榫一卯之间、一转一折之际，都蕴含着深厚的文化精粹。荔园（青湖）主变电所不仅集中国古韵之大成，更以原汁原味的中式建筑特色，展现了属于中国独有的繁华盛景。其整体造型巧妙保留了中式建筑的特有元素，完美融入青秀山风景区之中，成为一道别致典雅、富于诗意的风景线，令人流连忘返，回味无穷。

9.4 盾构区间预埋滑槽应用设计

9.4.1 工程背景

在国内城市轨道交通建设中，区间隧道内需架设电缆、管线、设备的支架，传统方法是在隧道壁上打孔后，采用化学锚栓将支架固定于区间隧道结构上。传统锚栓打孔如图 9-8 所示，存在以下缺点：①锚栓打孔对隧道结构有一定损伤，有时形成隧道渗漏点。②打孔作业粉尘多，安装作业环境恶劣。③化学锚栓固定的支架，后期维修保养困难。

a) 隧道管片开裂

b) 重复、密集打孔对隧道损害

图 9-8　传统锚栓打孔引起的病害

针对打孔安装锚栓的种种弊端，国内地铁项目一般在设计时考虑引入预埋槽道技术规避这些问题，在管片预制时将钢结构槽道预埋入管片内，后期通过 T 形螺栓与螺母将各专业支架固定在预埋槽道上，如图 9-9 所示。

图 9-9　预埋槽道与 T 形螺栓

9.4.2 槽道设计

（1）槽道本体

槽道为弧形金属构件，采用一根型钢热轧成型。槽道后侧设置锚杆，用于与管片混凝土的锚固。槽道沿盾构管片结构内弧面埋设。预埋槽道设计平面与剖面如图 9-10 所示，热轧成型预埋槽道如图 9-11 所示。

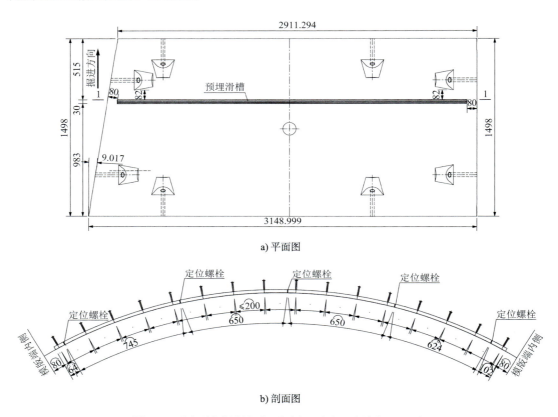

图 9-10 预埋槽道设计平面与剖面图（尺寸单位：mm）

图 9-11 热轧成型预埋槽道

（2）槽道预埋范围

槽道为全环预埋，于管片6个分块中分别预埋一段槽道，管片各分块接缝处槽道断开，以便各专业支架的安装，如图9-12所示。

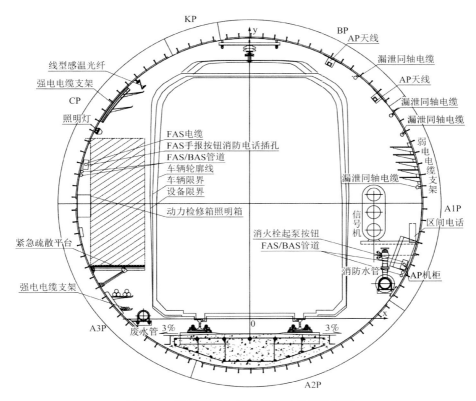

图9-12 预埋槽道与各设备安装布置示意图
FAS-火灾报警系统；BAS-环境与设备监控系统

（3）槽道预埋施工

槽道在盾构管片混凝土浇筑前固定于管片模具上，如图9-13所示。

图9-13 预埋槽道固定于管片模具上

管片模具浇筑混凝土，槽道埋入其中，槽道开口方向采用填充物填充并朝向管片内侧。管片养护完毕后槽道即预埋于管片内，如图 9-14 所示。

图 9-14　成型管片与预埋槽道

9.4.3　滑槽应用

土建施工单位负责将预埋槽道的管片拼装成型。随后，各机电、系统专业依据槽道设计匹配的电缆、管线支架，并通过 T 形螺栓将支架固定于槽道上，如图 9-15 所示。该工艺无需在隧道结构上打孔，从而优化了施工环境，确保了隧道内各专业支架安装的整洁有序。应用预埋槽道的区间盾构隧道整体效果如图 9-16 所示。

图 9-15　专业支架采用预埋槽道固定

第 9 章 土建设计

图 9-16 应用预埋槽道的区间盾构隧道

预埋槽道技术的应用，显著降低了锚栓打孔对管片结构的损害程度，增强了结构的耐久性，同时省去化学锚栓后期维护的工作，有效降低了运营维护成本，在提升运营的经济性、促进环保及节能等方面展现出长远的积极效益。

9.5 地铁车站与周边物业衔接设计

9.5.1 总部基地站

总部基地站为 3、4 号线的换乘站，位于五象大道与凯旋路交叉路口。其中 3 号线部分沿凯旋路呈南北向布置，4 号线部分沿五象大道呈东西向布置。周边道路均实现规划。路口西南象限为五象航洋城项目，与车站 C 出入口设置接驳通道。

9.5.2 平良立交站

平良立交站为地铁 2、3 号线的换乘站，位于平乐大道与良玉大道交叉路口，其中 3 号线部分沿平乐大道呈南北向布置，2 号线部分沿良玉大道呈东西向布置。路口西北、东北及东南象限均设置物业接口，其中西北象限为合景天汇项目，与车站 B 出入口连通，东北象限为宝能五象湖项目，与车站 F 出入口连通，东南象限为华润万象汇项目，与车站 E 出入口连通。本站在西南象限还设置地下一层的下沉广场，与新村停车场上盖物业开发部分连通。

本站通过多手段实现与周边物业衔接，践行"站城一体化"发展理念，推进实现站城一体化重要方式地铁连通通道的建设。构建车站与周边物业连通通道，加强车站与周边地块无缝衔接，扩大车站辐射范围，还能有效减少城市交通中人与车的冲突现象，提升人的步行舒适度和过街安全性，构筑以人为本、安全舒适的交通环境，促进车站与周边地区一体化开发，构建高效、集约、立体化的城市空间。

9.6 自然采光设计

长塈路站 2 号出入口跨越规划长湖—长塈立交下穿道路，到立交西侧围岛分设为 B1 及 B2 出入口，B1 出入口设置于立交 A 匝道东侧双龙实业地块内，B2 出入口设置于跨长塈路，靠道路南侧，出入口通道最长达 170m。B1、B2 出入口通道在立交西侧围岛下方交会后共用一处宽通道，直通车站站厅，各出入口位置如图 9-17 所示。因中庭空间位于立交围岛范围内，具备设置自然采光的条件，且围岛范围覆土厚度达 5.4m。结合上述条件，于交会处设置中庭及自然采光井（图 9-18），增设自然采光后，进一步节约了能源，降低了车站运营成本，同时设置中庭空间，增加了通道转换的层次感，赋予了长通道空间的多样性和趣味性，有效缓解了乘客长距离步行的疲乏感，除此之外，中庭空间的设置可有效减小覆土厚度，有利于出入口通道结构受力。

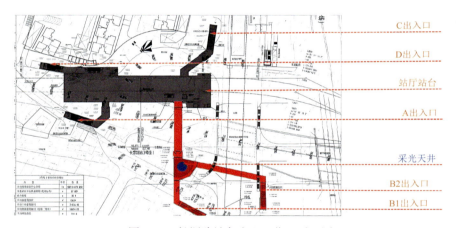

图 9-17 长塈路站各出入口位置平面图

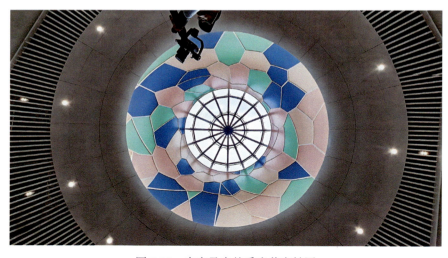

图 9-18 中庭及自然采光井实拍图

出入口通道装修方案延续了公共区现代、简洁、明快灰白色系为主调的装修风格，材料主要为天花白色铝圆通，墙面白色搪瓷钢板，地面灰白花岗岩石材。采光天井上下半圆直径分别为 8m 和 10m，采光天井内侧装饰由不同规则的彩色铝板组合而成，从通道内往天空看，仿佛一只眼睛在看外面缤纷多彩的世界。在采光天井增加灯带和点光源，营造出绚丽多彩的空间环境，使整个空间活泼而又灵动。

车站地下出入口长通道天然采光井在南宁市轨道交通建设中首次成功采用，长堽路站 B 出入口通道下穿道路立交，设置出入口 B1、B2 连接道路两侧，出入口通道中部设置的天然采光井位于道路立交绿地内，长堽路站地下出入口长通道充分利用场地条件，通过增加天然采光、特别装修效果等措施改善地下空间感观，为南宁市轨道交通建设增色。

9.7 装配式轻质隔墙应用设计

9.7.1 应用背景

《建筑卫生陶瓷工业"十二五"发展规划》明确指明，推广低品位原料、固体废料的综合利用技术，鼓励使用低质原料和工业废弃物等生产陶瓷产品。随着国家对建筑节能问题越来越重视，建筑外墙发泡陶瓷节能保温行业越来越受到关注。各地对房地产、建筑行业进行了重点部署，出台多条相关政策，甚至对节能不达标的建筑，严格不予审核通过。由此可见，利用固体废料生产轻质陶瓷砖是上佳的选择。近年来，以陶瓷废料为主的工业废渣和废料，越来越多被用于生产研发中，以规范源头的原料处理方式。伴随废渣使用比例的增加，陶瓷原料用量将大幅减少，从而可以提高资源利用率，改善生态环境。除了保温、比重轻的优势之外，保温隔热轻质陶瓷砖为行业带来的更大惊喜，无疑是其充分利用了抛光废料等废渣。

9.7.2 应用情况

城市轨道交通车站设备区一直沿用蒸压灰砂砖作为装修砌体材料，如图 9-19 所示，由于环保原因，生产蒸压灰砂砖的厂家逐年减少，且蒸压灰砂砖湿作业的施工方式对车站环境、施工工期影响较大。据调研，广州、南昌、长沙、东莞、深圳等城市轨道交通设备区运用蒸压灰砂砖、加气混凝土砌块居多，也有少数线路采用水泥砖、页岩砖。传统砌体中加气混凝土砌块与页岩砖对比情况见表 9-2。

综合传统砌体特点，为体现节能、节土、轻质、环保、减少湿作业施工及提高施工效率等优势，项目组在 3 号线一期工程线中采用新型轻质墙体材料，如图 9-20 所示。

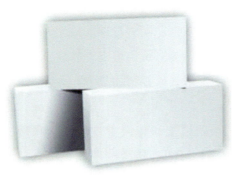

图 9-19 蒸压灰砂砖

加气混凝土砌块与页岩砖对比情况 表 9-2

名称	定义	优点	缺点
加气混凝土砌块	以河沙、水泥、石灰为主要原料,加水,并加入适量的发气剂和其他附加剂,经混合搅拌、浇筑泡发,坯体静停切割后,再经蒸压养护而成的具有多孔结构的轻质人造砌块	质量小,仅为红砖的 1/3～1/2;隔热保温性能好;隔音效果好;耐火性能好	吸水率高,在潮湿环境下,容易受潮,强度减弱;容易引起干缩裂缝
页岩砖	采用沙质页岩土为原料,掺配一定量的工业废渣粉煤灰,经多级破碎、陈化、砖坯制备、高温烧结而成的块体	具有良好的保温、隔热、隔音性能;防火性能较好,比普通红砖耐火时间还要长	块小,操作时较不经方便;仍需耗用部分黏土,以改善原料之间的黏结性;平整度较差

图 9-20 新型轻质墙体材料

1)新型轻质墙体材料特点

新型轻质墙体材料(图 9-21)具有 A 级防火、抗震、保温隔热、环保节能、超轻质、体薄、高强度、可重复使用、可凿可切等特点。相较于灰砂砖，新型轻质墙体材料优点如下：

（1）材料为独立发泡密闭气孔结构，防水、防潮性能优越，可用于有水房间（吸水率小于 1%，远低于灰砂砖 15%）。

（2）材料保温隔热性能好。导热系数为 0.1W/mK，低于灰砂砖 0.8W/mK。

（3）材料轻质，砖体可浮于水面，质量为灰砂砖的 1/5。

（4）强度较高，并且可钉可挂，抗压强度为 6.2MPa，吊挂力为 1000N。

（5）可重复利用，实现"东墙补西墙"。

（6）裁切简单，走线方便。

（7）体薄，节约空间。传统砖墙厚度为 200/240mm，轻质新型轻质墙体材料隔墙厚度为 100/120mm。对于 2.8m² 的墙面，普通砖体需要 205 块，轻质墙体只需要 1～2 块。

图 9-21 新型轻质墙体材料特点

2）装配式轻质隔墙应用中出现的问题

防火门较重，需要门架式安装。门洞墙板示意图及安装如图 9-22、图 9-23 所示。

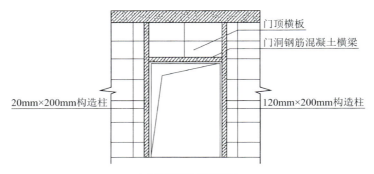

a) 门洞墙板立面示意图

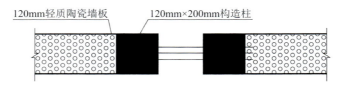

b) 门洞墙板平面示意图

图 9-22　门洞墙板示意图

图 9-23　门洞墙板安装

3）主要技术标准

（1）墙板用水泥砂浆＋瓷砖胶＋镀锌角钢与地板、顶板固定。

（2）墙板每隔 3.6m 设置镀锌钢柱及镀锌钢梁（40 mm×40 mm×2mm），如图 9-24 所示。

图 9-24　镀锌钢柱及镀锌钢梁安装

（3）墙板与侧墙用 100 mm × 120 mm × 3mm 镀锌角钢连接（图 9-25）。

图 9-25　墙板与侧墙角钢连接

（4）先施工的车站整体效果不错，能满足车站隔墙所需功能要求。车站应用范围内，除防火分区分隔墙外，其余隔墙及离壁墙均采用轻质陶瓷隔墙。

4）装配式轻质隔墙的问题与建议

（1）对于此种新型材料，需由材料生产商进行相关的试验及分析，并通过相关权威机构的认证，提供相关的实验数据以证明其材料性能。在技术要求中注明中标人需提供相关的报告，如防火、抗风压、抗震及拉拔试验报告等。

（2）房间轻质隔墙在使用过程中可能需要新增挂钩、铆钉、开孔等，也可能出现新的竖向和水平荷载，轻质隔墙墙体材料应考虑其在后期打设铁钉、铆钉等后锚固件时是否会发生崩角、掉块或破坏墙体等情况。后期打膨胀螺栓时要加 AB 胶，加固孔洞，以防止崩角、掉块等情况。

（3）轻质隔墙功能上满足设备房隔墙要求，施工和环保优点明显。原则上，车站可以在新线设备房中应用轻质隔墙。

（4）由于设备区防火门较重，建议采用门架式安装方式，避免与轻质墙发生受力关系。加强防火门框钢架结构体系或采用钢筋混凝土构造柱和圈梁的形式加固。

9.7.3 结论

（1）3号线一期工程在部分车站采用新型装配式轻质隔墙墙体材料。轻质隔墙采用废弃陶瓷、陶瓷废渣、煤渣、矿山尾矿等固体废料为原料，经1200℃焙烧而成，具有防火、轻质、环保、防潮、施工便利、能实现二次使用等优点，是房间墙体及离壁墙比较理想的材料选择，轻质陶瓷隔墙与碳酸钙复合板、灰砂砖相关技术参数对比见表9-3。

（2）根据《绿色建造技术导则（试行）》，建筑材料的选用应符合下列规定：

①应符合国家和地方相关标准规范环保要求。

②宜优先选用获得绿色建材评价认证标识的建筑材料和产品。

③宜优先采用高强、高性能材料。

④宜选择地方性建筑材料和当地推广使用的建筑材料。

综合上述，装配式轻质隔墙应用满足绿色建造设计标准。

轻质隔墙与碳酸钙复合板、灰砂砖相关技术参数对比 表9-3

	轻质陶瓷隔墙	碳酸钙复合板（旧线轻质离壁墙）	灰砂砖
质量（kg/m²）	40	90	180
吸水率（%）	<1	>10	>15
抗压强度（MPa）	6.2	3.5	5
抗震性能	上部可固定在梁、檩条上，自重轻，受力均匀，抗震性为砖墙的5倍以上	上部可固定在梁、檩条上，自重轻，抗震性为砖墙的3倍以上	需设置构造柱，圈梁，抗震效果一般
防火等级	A1级材料，满足耐火极限2h	A1级材料，满足耐火极限2h	A1级材料，满足耐火极限3h
施工速度	干作业施工，水泥胶浆黏结，施工速度是砌砖墙的4~5倍	施工较为复杂，施工速度一般	湿作业施工，施工速度一般
综合造价（元/m³）	2200~2500	1200~1500	2300左右（含圈梁、构造柱、水泥砂浆批荡）

9.8 岩溶处理与风险防范设计

市博物馆站以南勘察范围内可溶性岩分布范围广，且地下水活动频繁，岩溶较发育，这是南宁市城市轨道交通建设首次大范围遇到岩溶地质区域。

项目组针对盾构范围内的岩溶进行处理，根据溶洞的填充情况及填充物的不同，采用注浆填充处理或不做处理的方式。对于未填充、半填充溶（土）洞，采用水泥砂浆进行注浆充填；对于流塑、软塑状黏性土，采用注浆充填处理；而对于硬塑黏土全填充溶（土）洞不做处理，这样可以极大减少工程投资以及工期。

项目组还根据溶（土）洞的规模进行不同处理措施的调整。对于洞径大于 2m 的无填充、半填充溶（土）洞，宜先采用水泥砂浆进行填充，再采用水泥浆进行压力注浆填充，采用该方法施工前需进行试验确定溶（土）洞内压力是否可满足注浆要求，如无法进行填充处理，则改为标准注水泥浆及双液浆处理。为大直径溶（土）洞的处理提供了有效的处理方案，解决了大直径溶（土）洞的无效注浆问题，节省了工程投资。

若溶洞的规模较大，其范围已超出结构设定的安全限界，可先在安全限界（隧道轮廓外放 3m）钻孔，注水泥水玻璃双液浆控制边界、其余内圈孔注水泥浆单液浆，减少注浆的范围及注浆量。对结构的安全限界进行明确，可避免施工过程中对于安全限界范围外的岩溶无效处理情况发生。

参与岩溶区盾构隧道施工的单位需配置（盾构）机内超前探测的仪器与机械设备（小钻机），避免因勘探及处理不到位发生盾构机栽头、陷落或地表沉降过大、坍塌等事故，为盾构机穿越岩溶区的安全增加一道防线。

9.9 环境融合及公共区装修设计

9.9.1 车站地面附属与周边环境融合设计

车站地面附属主要包含出入口、高风亭、低风亭、紧急疏散口、冷却塔。以地面附属整体设计体现民族特色并能与周边环境相融合为原则。如图 9-26、图 9-27 所示。

图 9-26　风亭、冷却塔实拍图

图 9-27　车站地面附属周边环境实拍图

出入口设计延续了原出入口"壮锦"的设计元素，出入口采用铝板、石材、玻璃为整体装修材料。出入口口部设计以铝板为材料的壮锦丝印造型，使整个出入口的识别性更强，顶面材料采用铝板，出入口尾部材料采用石材，出入口两侧以玻璃为主，使整个出入口罩棚更通透明亮。出入口的整体设计简洁、大方具有很鲜明的民族特色。为充分展现邕城绿城的城市风貌与文化特色，打造邕城氛围浓厚的车站出入口景观，在车站出入口周边种植灌木进行美化，使车站出入口与周边环境融合，凸显车站出入口与自然的统一。

高风亭、低风亭、紧急疏散口、冷却塔在设计上尽量弱化体量，整体上做到通透轻盈，与周边建筑统一协调，避免显得过于笨重。装修材料主要采用模块化、标准化材料，材料颜色以浅灰为主，避免采用过于鲜明的颜色而显得突兀。高风亭、低风亭整体装修以石材和陶棍为主要装饰材料，整体风格与周边环境融合。冷却塔设计主要采用陶棍为装饰材料，外侧采用以铝板为材料的浪花造型作为装饰，整体画面富有韵律感，整个冷却塔好似广场上的建筑装饰小品。车站地面附属周边种植绿化植被，在提升城市绿化景观的同时，使附属建筑更好地融入环境当中而不显突兀。

9.9.2　青秀山站公共区装修设计

青秀山站位于青秀山东侧，青山北路西南侧，横跨凤岭南路，本站为 3 号线一期工程由北往南的第 17 个车站。凤岭南路规划宽 49m，车流量大，交通繁忙，3 号线一期工程在该段呈南北走向。车站南北向为八角楼（4 层）及金汇如意坊（仿古牌坊）等底层餐饮商业建筑，西侧为秀山花园小区（8 层），南侧为青秀山风景区。周边现状主要为商业、住宅及青秀山风景区。

本站站型为多柱站，文化主题为"魅力东盟，绽放绿城"。在满足功能标准化的前提下，为实现 3 号线一期工程整体的识别性，根据线路在城市规划中的地位及沿线地域特征，进行整体文化定位，体现 3 号线一期工程"魅力东盟、绽放绿城"的总体文化个性。为实现车站的个体识别性，应形成一种完整的设计创作思路，深度挖掘各站点周边环境与地域文化精髓，结合车站独特的技术参数，巧妙运用模块化材料的多样组合、铺设布局、区域包装及色彩创新设计，以精炼的设计手法，彰显车站的个体识别性。

青秀山站作为 3 号线一期工程的特色站，创新融合柱子与天花，以仿生设计打造和谐一体感，辅以 LED 照明，弱化了地下空间的压抑感，站内效果如图 9-28 所示。站内文化艺术墙（图 9-29）以青秀山景色作为背景，提取青秀山景区的西门、龙象塔特色建筑和南宁大桥作为元素，用艺术的手法将青秀山的景色融入画面当中，展现出一幅生机盎然的自然景象，体现出青秀山作为"南宁绿肺"的生态重要地位。塑造了一个展现青秀山 5A 级旅游风景区青山绿水的现代、简洁、时尚的车站空间，使乘客仿佛置身于青秀山的绿色生态森林之中。

图 9-28 青秀山站内实拍图

图 9-29 青秀山站内文化艺术墙实拍图

第 10 章

土建类技术创新研究

10.1 出入口飞顶铝镁锰板安装技术

10.1.1 研究背景

车站出入口设计延续了站内"壮锦"的设计元素，采用铝板、石材加玻璃为整体装修材料。出入口自开通以来，得到广大市民一致认可。但根据运营使用反馈，有些出入口顶部存在局部渗漏水的情况，对运营管理及乘客乘车造成一定的影响。前期已开通线路出入口外部顶面材料安装铝合金板，两板之间留10mm宽的缝，在缝中填中性硅酮耐候密封胶进行防水，为解决出入口顶部局部渗漏水的问题，需对顶部材料及施工方法进行优化。

10.1.2 研究内容

铝板缝打胶密封要求：板材之间缝隙用中性硅酮耐候密封胶予以密封，防止雨水渗漏。施工前，施工单位应将接缝内及接缝施工区域清理干净，确保缝内无水、砂浆、油渍、铁锈、灰尘等杂物。打胶时应注意：①清理板材缝隙间的水、砂浆、灰尘等，保证清洁干燥。②嵌以直径7mm的聚氯乙烯泡沫棒，然后在板缝两侧粘贴保护胶带，再用专用工具将耐候密封胶注入板缝，并使之填充均匀饱满；注胶厚度不应小于4mm且不小于缝宽度的一半，也不能超过缝宽度。③胶体凝固后将胶缝表面多余的胶清除，使胶缝平整光滑，深浅一致。④撕掉保护胶带纸并擦净污染物。⑤重视密封胶在未完成全硬化前的成品保护，防止沾染灰尘，避免划伤。按以上步骤进行打胶密封，基本不会存在漏水的情况，但是施工过程中可能会存在施工管理或对现场施工作业人员监管不到位的问题，出现打胶不严实，导致后续出现局部渗漏水的情况。为解决此类问题，需要在材料及防水做法上进行改进，经过调研及分析，结合出入口的外观特点，在尽可能不影响车站出入口外观的前提下，顶部装修材料采用铝镁锰板进行防水。铝镁锰板具有质量轻、强度高、耐腐蚀、表面处理多样、可塑性好，易加工、安装方便、环保等优点。铝镁锰板广泛应用于机场航站楼、飞机维修库、车站及大型交通枢纽、会议及展览中心、体育场馆、展示厅、大型公共娱乐设施、公共服务建筑、大型购物中心、商业设施、民用住宅等建筑屋面系统。AA3003合金与AA3004铝镁锰合金具有结构强度适中、耐候、耐渍、易于折弯焊接加工等优点，被普遍认可作为建筑设计使用寿命50年以上的屋面材料。

10.1.3 研究成果

铝镁锰板直立锁边系统是一个传统的铝镁锰板安装系统，通过使用专业的立边和咬合设备，在沿着板条长度方向上将两块板的立边进行咬合，从而将屋面连接成为一个整体。系统不需要打胶，可达到100%结构性防水。该系统可以节省大量安装时间，尤其对于面积较大的屋面，可有效降低施工成本。此外，直立锁边系统极为适合气候条件严酷的环境，例如强风肆虐以及雨雪较大的区域。该系统立边高度为 65mm，能让建筑物展现出富有韵律感与现代感的外观。此系统满足出入口防水要求，安装完成后出入口顶部已解决渗漏水的问题，如图 10-1～图 10-3 所示。

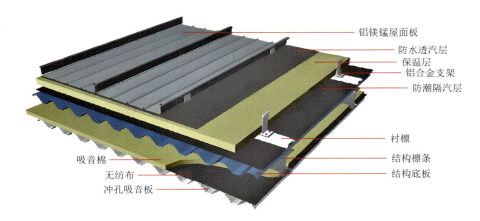

图 10-1　铝镁锰板安装示意图

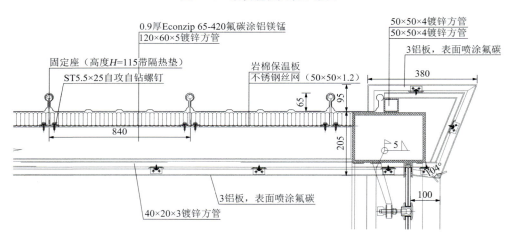

图 10-2　铝镁锰板安装节点详图（尺寸单位：mm）

图 10-3　出入口铝镁锰板完成后实景图

10.2 区间下穿已运营轨道交通线路关键技术

10.2.1 研究背景

3 号线下穿 1 号线隧道段,位于金湖东地道下方,如图 10-4 所示。

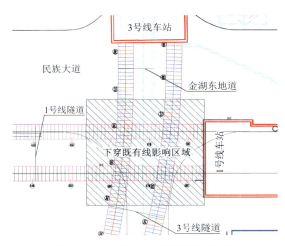

图 10-4　3 号线与 1 号线平面关系图

金湖东地道底与 1 号线隧道顶垂直间距为 3.6～4.5m。1 号线隧道底与 3 号线隧道顶垂直间距为 5.0～5.2m,主要处于④$_{1-1}$ 粉砂层和⑤$_{1-1}$ 圆砾层。金湖东地道底与 3 号线隧道顶垂直间距为 11.8～15.6m,其中粉土厚度约为 6.9m、粉砂厚度约为 4.1m、圆砾厚度约为 4.3m。

3 号线与 1 号线交叉段主要地层从上至下依次为③$_1$ 粉土层、④$_{1-1}$ 粉砂层、⑤$_{1-1}$ 圆砾层、⑦$_{2-2}$ 泥质粉砂岩。3 号线隧道主要穿越地层为⑤$_{1-1}$ 圆砾层,底部存在⑦$_{2-2}$ 泥质粉砂岩层。地铁 3 号线与 1 号线及金湖东地道的关系如图 10-5 所示。

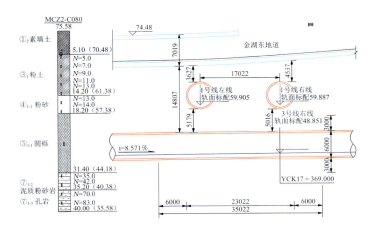

图 10-5　3 号线与 1 号线及金湖东地道的关系图(尺寸单位:mm;高程单位:m)

10.2.2 研究内容

（1）下穿段90%处于富水圆砾层，圆砾层具有稳定性差、渗透系数大、富水、承压性高等特点，需研究在复杂工程地质条件下如何控制盾构施工中因刀盘扰动带来的前期沉降。

（2）下穿段地面交通繁忙，周边建筑物较多，其中正下穿金湖东地道（垂直最小间距为11.8m），正下穿1号线隧道（1号线隧道底与3号线隧道顶垂直最小间距为5.0m），西侧为金湖南地下商场（水平近距为4.5m、垂直近距为11.5m），距离金湖广场站接收端头近（水平近距为34m）。同时，区间线路曲线半径小，盾构下穿1号线平面曲线半径$R = 300$m。小半径转弯是盾构施工技术控制的一个难题，掘进时易出现隧道轴线控制难度大，纠偏困难，管片位移、侵限、错台和破损等问题，在以上复杂工程环境中需采取合理的措施保障既有建构筑物、既有运营轨道的沉降及位移。

10.2.3 研究成果

项目组结合现场实际情况运用 MIDAS GTS NX 建立三维地层-结构模型模拟综合分析盾构施工对1号线的影响并根据计算及经验采取相关的保护措施，如图10-6所示。

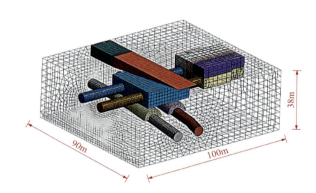

图10-6 三维地层-结构模型

主要采取以下保护措施：

（1）采取洞内注浆（洞顶150°范围，利用ϕ32mm钢花管，注水泥-水玻璃双液浆）对隧道拱部地层进行注浆加固。在管片增设注浆孔，打设小导管对管片外地层进行深层注浆加固。

（2）采用泥水平衡盾构机，下穿1号线施工时，对1号线采用自动化监测。

（3）在盾构下穿施工前，对1号线隧道管片采用钢环加固，并通过管片吊装孔对管片外侧地层注浆加固，增加隧道抗变形能力。

（4）建立与1号线运营管理方的联动机制，下穿1号线隧道段尽量避开轨道交通运营时间段。

（5）盾构掘进过程中，利用盾构机径向孔注入膨润土泥浆填充盾体与地层之间的空隙；及时、足量进行同步注浆，填充管片与地层之间的空隙；管片脱出盾尾后及时进行二次注浆，控制沉降。

（6）盾构下穿后，利用管片上的径向注浆孔进行钢花管注浆。

（7）地面有条件处，在下穿影响区对 1 号线隧道底部区域预设跟踪补偿注浆管，根据监测数据及时进行补偿注浆。

（8）为避免近距离盾构接收对 1 号线隧道的影响，在金湖广场站大里程端头采用"钢套筒密闭 + 端头加固"的接收工法。

（9）选择适宜的盾构机参数、系统配置及刀盘配置。

（10）加强施工监测与信息化施工，根据监测，调整盾构施工参数，确保建筑物的稳定。

10.3 区间下穿高速铁路关键技术

10.3.1 研究背景

长堽路—东葛路区间正下穿柳南城际铁路（柳南城际）、南广高速铁路（南广高铁）轨道。柳南城际、南广高铁轨道区间路段地质较差，为粉细砂泥岩复合地层，盾构掘进以 350m 小曲线半径施工，同时，柳南城际、南广高铁为南宁市主要铁路干道，列车经过频次较高，约为 3 趟/10min。

10.3.2 研究内容

项目组利用 MIDAS 软件建立三维有限元数值分析模型，模拟盾构隧道直接穿越铁路轨道的情况，如图 10-7～图 10-9 所示。从计算结果可知：①盾构隧道上方钢轨最大沉降位置在左线隧道上方，最大沉降为 9.00mm。②左右线盾构穿越后，两轨道的竖向沉降值基本相同，最大沉降差值小于 1.00mm，表明盾构隧道施工对沿钢轨横向方向上的差异变形影响较小。③钢轨沿铁路轨道走向的沉降值呈现"W"状变化趋势。④盾构隧道上方钢轨最大沉降位置为右线隧道上方，沉降最大值为 9.01mm。⑤左右线钢轨沿轨道方向的最大竖向差异沉降值分别为 6.42mm 和 10m，不满足沉降控制标准及要求。

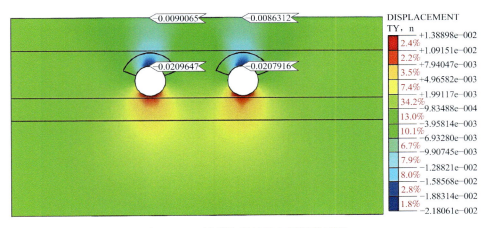

图 10-7 双线盾构穿越后土层沉降云图

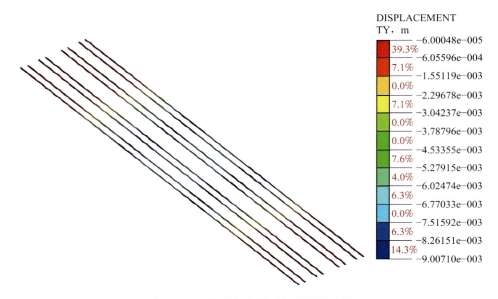

图 10-8　双线盾构穿越后钢轨沉降云图

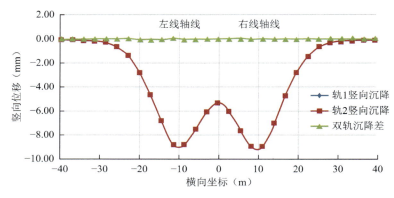

图 10-9　右线盾构穿越后钢轨沉降曲线

因此需研究在下穿隧道施工前采取加固措施以控制隧道施工对铁路轨道产生的位移及沉降。

10.3.3　研究成果

项目组通过各加固方案比选，总结既有经验及分析现场实际情况，采用改良版的 D 型便梁，即弹性地基梁＋D 型便梁的加固形式，对该位置处的铁路轨道加固。表 10-1 为盾构左右线分别穿越铁路轨道时各监测项目最大值统计表，由表 10-1 可知，各监测项目阶段变化最大值、累计变化最大值及变化速率最大值均较小，在控制值以内；另外，该工程成功穿越柳南城际、南广高铁，创造了盾构机平均每天掘进 10 环的新速度，大大节省了工期，确保了春运时铁路的正常运行；同时也创造了下穿高速铁路时各监测项目累计变化量均控制在 2.00mm 以内的纪录，保证了施工过程中高速铁路的运营安全。

盾构左右线分别穿越轨道时各监测项目最大值统计表　　　表 10-1

监测项目	右线盾构通过			左线盾构通过			控制值（mm）	返率（mm/d）
	阶段变化最大值（mm）	累计变化最大值（mm）	变化速率最大值（mm/d）	阶段变化最大值（mm）	累计变化最大值（mm）	变化速率最大值（mm/d）		
路基沉降	-2.958	-0.993	-0.142	-2.892	-2.753	-0.603	-10~+30	±3
D 型便梁沉降	-0.984	-0.984	-0.141	-2.600	-2.409	-0.412	±20	±2
接触网杆沉降	-1.011	-0.896	-0.128	-0.696	-0.658	-0.009	-10~+30	±3
钢轨沉降	-0.977	-0.965	-0.138	-0.396	-0.390	-0.066	±10	±2
轨道水平位移	-0.047	-0.026	-0.004	-0.199	-0.195	-0.034	±6	±2
轨道几何形位（轨距）	0.057	0.044	0.006	0.376	0.376	0.048	±6	±2
轨道几何形位（水平）	-0.180	-0.128	-0.018	-0.197	-0.187	-0.044	±6	±2

注：沉降测点变形值为"正"表示隆起，为"负"表示下沉，水平位移变形值为"正"表示轨道向北偏移，为"负"表示轨道向南偏移。

综上所述，弹性地基梁＋D 型便梁的方案不仅大大节省了盾构下穿铁路轨道的掘进工期，在轨道沉降及差异沉降的控制上也表现非常好，同时考虑到相对桩基，弹性地基梁不仅工艺较简单、不需要大型机械进场，而且实现了分段施工，充分利用了天窗时间。因此该方案值得在其他铁路保护方案中推广。

10.4 区间穿越桩基处理方案关键技术

10.4.1 研究背景

长堽路—东葛路区间隧道下穿柳南城际、南广高铁后，还需要下穿东西向高架快速路及其辅道挡土桩，如图 10-10 所示。东西向快速路为高架桥＋下沉式辅道的形式，盾构隧道下穿处的辅道比路基低 6.85~7.44m，辅道挡土桩采用 $\phi1800mm@4000mm$ 钻孔灌注桩，桩长 21m。辅道挡土桩成为盾构隧道穿越段的障碍，共有 4 根障碍桩侵入隧道，侵入隧道内的桩身长度约 9.7m。

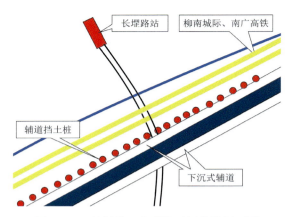

图 10-10 长堽路—东葛路区间线路平面图

10.4.2 研究内容

盾构隧道上方邻近铁路和高架桥，对施工的沉降控制要求较高，同时由于侵入隧道桩基直径大，施工风险高，需对侵入盾构隧道范围内的障碍桩提前进行处理，确保盾构安全通过。此外对障碍桩提前处理后，嵌固段仅剩余 3.1m，嵌固严重不足，稳定性不够，容易导致边坡失稳，影响铁路安全运行。因此，本项目需对东西向快速路的挡土结构进行重构。

10.4.3 研究成果

长堽路—东葛路区间隧道下穿东西向高架快速路及其辅道挡土桩工程，从综合考虑周边环境的角度出发，提出非完全拔出式的隧道障碍桩综合治理方案，得出以下主要结论：

（1）反力架拔桩系统在狭窄空间条件下具有较好的适应性，能在一定程度上有效缩短工期，可为类似工程的桩基清障提供借鉴。

（2）障碍桩的拔桩技术主要有桩周围摩擦阻力消除、桩身锚索锚固、桩体提升与桩底同步回灌等。

（3）高压旋喷桩加固＋挡土墙＋抗浮压板的辅道边坡治理方案既能保证边坡稳定与铁路运营安全，也能确保盾构隧道的抗浮要求。

10.5 岩溶地区地基处理及区间盾构掘进

3 号线中市博物馆—总部基地区间、总部基地—广西规划馆区间、广西规划馆—庆歌路区间、五象湖—平良立交区间处于岩溶发育地区。市博物馆—总部基地区间左线长 4108.4m，右线长 4108.4m，设置疏散平台和 1 个联络通道，整个区间隧道的覆土厚度为 13.16～31.16m。总部基地—广西规划馆区间左线长 4292.6m，右线长 4362.6m，设置疏散平台和 1 个联络通道，整个区间隧道的覆土厚度为 10.4～54.5m。广西规划馆—庆歌路区间左线长 4398.0m，右线长 4362.3m，设置疏散平台和 1 个联络通道，整个区间隧道的覆土厚度为 11.60~20.50m；五象湖—平良立交区间左线长 7011.3m，右线长 6690.7m，设置疏散平台和 2 个联络通道，整个区间隧道的覆土厚度为 7.06~16.40m。

本项目是南宁地区首次大范围针对盾构范围内的岩溶进行处理。当遇到规模较大的溶洞、其范围已超出结构设定的安全限界时，可先在安全限界（隧道轮廓外放 3m）钻孔，注水泥-水玻璃双液浆控制边界，其余内圈孔注水泥浆单液浆，减少注浆的范围及注浆量。对于岩溶结构的安全限界进行明确，避免了在施工过程中对安全限界范围外的岩溶进行无效处理的情况。对于边界采用注水泥-水玻璃双液浆控制，先行封锁边界确保安全范围内的处理浆液不能外流，避免发生处理不到位的情况进而引发安全事故。经过实践检验，该处理措施不仅能满足处理要求还能极大减少工程投入。

参与岩溶地区盾构隧道施工的单位需配置（盾构）机内超前探测仪器与机械设备（小钻机），为岩溶区盾构掘进施工增加一道安全保障。

10.6 岩溶区基坑处理

总部基地站、广西规划馆站、庆歌路站及平良立交站在邕江以南，且处于岩溶地区。

总部基地站为 3 号线与规划 4 号线的换乘车站，位于五象大道与凯旋路交叉路口处，其中 3 号线在上，沿凯旋路南北向敷设，4 号线在下，沿五象大道东西向敷设，3 号线先期施工，在地下三层预留与 4 号线的换乘节点，两站呈 T 形换乘。总部基地站为地下两层岛式站台车站，车站顶板覆土厚度约 1.2~4.5m，采用明挖法施工，主体围护结构为钻孔灌注桩＋内支撑支护体系。

广西规划馆站位于平乐大道与宋厢路的交叉十字路口，本站为地下三层 13m 岛式站台车站，为双柱三跨箱型框架结构，车站顶板覆土厚度为 2.17~4.17m，采用明挖法施工，主体围护结构为钻孔灌注桩＋内支撑支护体系。

庆歌路站位于平乐大道与庆歌路交叉口处下方，呈南北向布置，车站主体及附属结构均采用明挖法施工，围护结构采用桩＋内支撑的支护体系。车站采用岛式站台形式，主体结构标准段为单柱双跨箱型框架结构，端头段为双柱三跨箱形框架结构。车站顶板覆土厚度为 2.1~3.6m。车站主体基坑长 210m，标准段宽 19.7m，标准段深约 18m。

五象湖站（原玉洞大道站）右线起点里程 YDK26＋494.215（左线起点里程 ZDK26＋494.215），右线终点里程为 YDK26＋658.215（左线终点里程 ZDK26＋658.215），有效站台中心里程 YDK26＋582.865。车站总长 164.0m，标准段宽 19.7m，标准段深约 18.24m。车站两端相邻区间采用盾构法施工，本站盾构过站。

平良立交站是 3 号线与近期 2 号线东延线的换乘车站。3 号线车站总长 443.4m，标准段宽 22.9m，标准段深 15.6~21.8m。3 号线车站为地下二层（局部三层）岛式站台车站，2 号线车站为地下四层岛式站台车站。3 号线车站与上方下穿框架桥合建，框架桥里程 YDK27＋935.361~YDK28＋030.398。车站施工顶板（框架桥底板）预留钢筋接驳条件。

车站主体结构及框架桥影响范围内附属结构施工完成后方可修建上部框架桥结构。围护结构采用钻孔灌注桩+内支撑体系。围护桩桩顶位于框架桥底板底,现状地面放坡至围护桩桩顶,围护桩兼做抗浮构件。

本项目在设计时,对于安全限界范围内的岩溶,如可塑、硬塑黏土全填充溶(土)洞可不做处理,因考虑到可塑、硬塑黏土有较好的工程特性和较高的承载能力,对于硬塑黏土全填充溶(土)洞,无论是基坑开挖抑或是后期运营过程,均能满足要求。由施工及目前运营情况看,该处理方案是能满足设计要求的。

对规模较大的溶洞应加密钻探,进一步探明岩溶的范围,然后进行处理,以揭示到岩溶的钻孔为基准点,沿溶(土)洞平面范围方向间隔 2.0m 施作一排注浆钻孔,以基本找到洞体边界或探测至结构外 5m 为止;若洞体为有限边界,最外排孔未见洞,则该孔不需注浆,应向内收缩一孔为边孔,注水泥浆;若岩溶腔体较大,最外圈注浆孔注水泥-水玻璃双液浆,其余内圈孔注水泥浆单液浆;若未找到洞体边界,在距结构外 5m 处施工一排注浆孔,注水泥-水玻璃双液浆作为止浆墙,控制注浆边界、减少注浆的范围及注浆量。对于边界采用注水泥-水玻璃双液浆控制,先行封锁边界,确保安全范围内的处理浆液不能外流,避免发生处理不到位进而引发安全事故的情况。经过实践检验,该处理措施不仅能满足处理要求还能极大减少工程投入。

10.7 超深富水圆砾层基底突涌处理

常见的止水帷幕有高压旋喷桩、深层搅拌桩、地下连续墙等形式。止水帷幕按其与含水层的关系,可分为落地止水帷幕和悬挂式止水帷幕。落地式止水帷幕直接插入隔水层,完全隔断基坑内外的地下水,使二者之间无水力联系,降水时基坑外地下水不受影响。悬挂式止水帷幕悬吊在透水层中,基坑内外地下水有水力联系,降水时基坑外地下水会绕过帷幕底端,流入基坑下方含水层,如果降水施工方案中出现技术错误或者施工过程中操作不当,则很容易导致基坑周边的地面沉降或基坑底部的突涌,从而对工程以及周边环境造成一系列损失。

科园大道站小里程端停车线基坑长 191.9m、宽 10.4m,深 16.7～19.1m,采用半悬挂式止水帷幕,如图 10-11 所示。

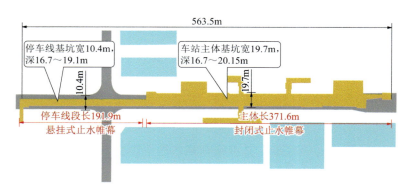

图 10-11 科园大道站总平面示意图

地层由上至下主要为素填土、可塑状粉质黏土、软质黏土、圆砾、泥岩和粉砂岩,基底主要位于⑤$_{1-1}$强透水层圆砾层,基底下圆砾层厚度达11～27m。地下水位于地面以下约9m,如图10-12所示。

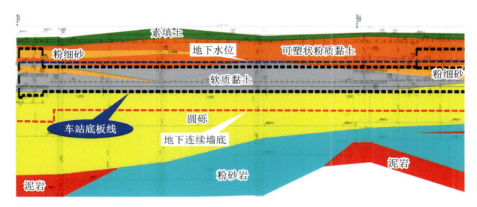

图10-12 小里程端停车线段地质纵断示意面

基坑采用800mm厚地下连续墙作为围护结构兼止水帷幕,墙底嵌固深度为8.5～11.8m,采用悬挂式止水帷幕。坑内按间距12～11.5m设置16口降水井,降水井管井进入坑底≥6m,且进入圆砾层≥3m。降水井井管直径300mm,井径600mm。

本项目如采用封闭式止水帷幕,地下连续墙最深需40m,而采用悬挂式止水帷幕加坑内强降水方案,止水帷幕深度仅需26m。悬挂式止水帷幕的设置增加了地下水渗流的距离,改变了基坑周边向坑内渗流的路径,从而减小了基坑降水对周边环境的影响。悬挂式止水帷幕具有造价低、工期短、地下环境破坏小等优势,能有效地将地下水位控制在基坑开挖底面以下。城市轨道交通基坑工程数量多、深度较大,地下水控制是基坑工程设计及施工成败的关键。本工程可为南宁市后续相似地层的线路施工提供借鉴。

10.8 轨排井大跨度结构受力处理

秀峰路站(原秀林站)是3号线的第5座车站。秀峰路站为地下二层岛式站台车站,站前设置单渡线,车站设置轨排井。

秀峰路站是全线的铺轨基地,设置有轨排井。根据铺轨需求,轨排井长28m、宽4.5m,为满足施工期间轨排井范围内结构受力要求,考虑在轨排井侧墙范围内设置扶壁+横梁(扶壁尺寸为2650mm×1000mm,间距3m;横梁尺寸为2650mm×800mm、2650mm×600mm,设置4道横梁)结构以承受施工期间水土压力。结构尺寸需结合受力要求以及轨排井使用要求进行设置。利用车站主体结构,扶壁+横梁的受力模式很好地解决了轨排井的受力问题,避免了设置锚索对周边未开发地块带来影响。轨排井平面布置与断面如图10-13、图10-14所示。

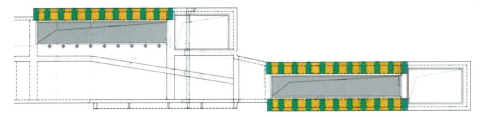

图 10-13 轨排井平面布置示意图

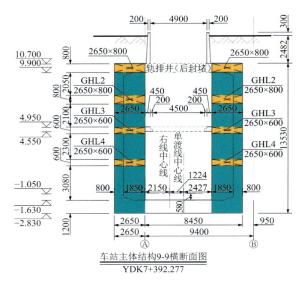

图 10-14 轨排井断面示意图（尺寸单位：mm；高程单位：m）

设计过程中，本项目采用 SAP2000 建立模型进行受力分析，考虑扶壁＋横梁共同承担施工过程中的水土荷载，仅进行承载能力极限状态设计分析，分析结果如图 10-15 所示。

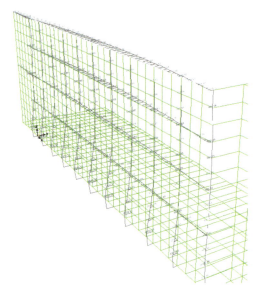

图 10-15 SAP2000 承载能力极限状态设计分析结果

经过分析可知，扶壁柱呈现类似悬臂受力状态，与底板交界处受力最大，且轨排井中部位置扶壁柱受力大过两侧，由于横梁的约束作用，两侧的扶壁柱会承受一定的扭矩；横梁呈现类似简支梁受力状态，跨中弯矩较大，且下部横梁受力较小，下部主要由扶壁柱底部弯矩承担。根据上述分析需对扶壁柱及横梁进行分类精细化设计，以使结构能够整体协同受力。

10.9 复杂环境深大基坑设计

10.9.1 研究背景

金湖广场站位于金湖路与民族大道交叉路口北侧，沿金湖路呈南北走向敷设，该站为 3 号线第 14 座车站，为 1、3 号线换乘车站。

本站为地下四层岛式站台车站，负一层为物业层，负二层为站厅层，负三层为设备层，负四层为站台层，为双柱三跨结构。本站共设 4 个出入口，2 组风亭和 1 组冷却塔。本站南、北两端盾构井均为盾构吊出井。车站主体结构外包总长 150.0m（不含围护结构），标准段宽 25.1m（不含围护结构），结构高度 26.92m。站台宽度 16m，有效站台长度 120m。车站顶板覆土厚度约 3.5m。本站主体基坑采用明挖顺筑法施工，采用 1200mm 地下连续墙＋内支撑的支护体系。车站主体结构采用抗拔桩和抗浮压顶梁联合抗浮。

车站与既有金湖东地道部分重叠，施工期间需破除部分金湖东地道，破除长度约 74m（其中暗埋段 14m，敞口段 60m），后期与车站主体结构合建恢复。

10.9.2 研究内容

1）深基坑支护研究

（1）本工程需要在复杂地层条件下对围护结构进行选择，项目组通过对地层岩土体物理力学性质、渗透特性的研究，以及对周边建（构）筑物基础资料的调研，对不同围护结构进行各方面的对比研究，选用最适合的支护形式。

（2）项目组根据基坑深度及抗浮水位确定基坑抗浮需要，最终采取合理的深基坑抗浮措施。

（3）基坑一侧为 32 层建筑物，另一侧为地下二层结构，基坑局部存在偏压，需要偏压深基坑的个性化设计。

2）复杂周边环境下的建筑物保护

通过三维数值模拟，项目组分析研究了基坑开挖对周边邻近建（构）筑物的影响，并根据实际情况对各影响范围的建（构）筑物采取合理的保护措施。

10.9.3 研究成果

1)深基坑支护研究

(1)对于各围护结构方案,如钻孔灌注桩+旋喷桩隔水帷幕、地下连续墙、钻孔咬合灌注桩,本工程从地层适用性、围护结构效果、防水效果、深度适用性、施工适宜性等各维度进行综合比选,最终选定地下连续墙+五道内支撑的围护结构方案。

(2)根据抗浮设防水位及车站埋深,并保证抗浮安全系数的前提下,项目组对本站抗浮情况进行验算,最终车站主体采用抗浮压顶梁+抗拔桩联合抗浮,直径 2.0m 的抗拔桩设置 38 根,直径 1.5m(兼做临时立柱基础)的抗拔桩设置 19 根,有效桩长 25m,验算结果合格。

(3)项目组还采用真三维岩土工程有限元软件 ZSOIL 进行数值模拟分析,其中土体采用小应变硬化土模型,支护结构地下连续墙采用考虑剪切变形的无厚度 one-layer shell 单元模拟,基坑支护的内支撑体系采用支撑腰梁、对撑梁、斜撑梁、立柱等进行支护,梁、格构柱采用 beam 单元进行模拟,立柱桩采用 ZSOIL 中内置的 pile 单元模拟,通过在地下室顶板上施加均布荷载模拟既有上部结构。本项目分析的地层空间分布采用 ZSOIL 的三维地质钻孔空间插值技术进行非线性(指数型、高斯曲线型)模拟,通过输入钻孔的数据(坐标、地层的厚度等)自动运算生成。建立的深基坑支护模型如图 10-16 所示。

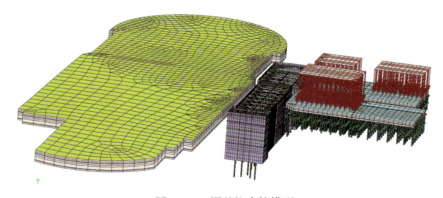

图 10-16 深基坑支护模型

2)施工措施

根据数据分析结果,为保障基坑开挖及周边建(构)筑物安全,本项目采用如下施工措施:

(1)在地下连续墙成槽前,本项目采用袖阀管对地下连续墙周边土体进行加固,防止成槽塌孔及周边建(构)筑物沉降。

(2)为更好地控制对周边环境的扰动,本项目采用分层分段开挖的施工方式。

从现场建(构)筑物及围护结构的监测结果来看,本项目采取上述措施严格控制了周边建(构)筑物的沉降及位移,保证了现场施工安全,为后续工程提供了宝贵的经验借鉴。

10.10 半成岩明暗挖车站关键技术研究

10.10.1 研究背景

青秀山站是 3 号线第 17 座车站，为超埋深明暗挖结合车站，车站南侧为青秀山景区，北侧为金汇如意坊和秀山花园小区。车站站厅层明挖基坑最大深度将近 40m，北端采用逆作法施工；南端为青秀山，严重偏压，采用放坡开挖＋锚喷支护相结合的工法施工。车站东侧紧邻地下停车场，尤其是活塞风亭基坑深度达 63.2m，为超深基坑，且地质水文条件差，容易出现失稳、基底涌水等现象，施工风险大；暗挖站台层隧道位于明挖站厅层下方约 18m，埋深达 56.9m，通过扶梯斜通道和横通道连接明挖站厅层和暗挖站台层，明挖站厅层、暗挖站台层等形成结构形式错综复杂的隧道群，同时隧道断面大、连接通道多、隧道间接口多，受力集中、施工相互影响大、地质条件差、施工难度极大。

明暗挖车站具有灵活性高、对周边环境适应性好、风险可控的优点，在国内已有较多的应用实例，如广州地铁 5 号线小北站、广州地铁 6 号线一德路站及海珠广场站等。但现有研究大多从建筑使用功能方面探讨明暗挖车站，而从结构专业角度深入研究较少。因此有必要对明暗挖车站中结构设计存在的问题进行分析。

广西南宁半成岩地层成岩时代较新，固结程度弱，其中泥岩层大多含有亲水矿物，具一定的膨胀性，而粉砂岩层具有遇水软化崩解的特性。这些岩层特性易引起隧道施工中塌方、大变形和突水、涌砂等现象，给工程带来较大的风险。明挖车站站厅层主体结构、暗挖主体隧道、暗挖扶梯斜通道、横通道均位于半成岩状的粉砂岩地层，在半成岩地层中修建明暗挖车站是一项巨大的挑战。

10.10.2 研究内容

1）古近系半成岩地层降水及施工技术研究

（1）开展古近系半成岩地层岩土体物理力学性质、渗透特性的研究及相关力学试验，获取该地层的基本物理力学指标等。

（2）开展古近系半成岩地层降水设计研究。根据地下水渗流的计算模型、降水方式等，研究青秀山站超深基坑降水井的布置和降水井结构设计。结合施工工法与工况，进行降水施工技术与工艺优选。

（3）分析不同水位情况对半成岩地层基坑工程及周边环境整体稳定性的影响，通过改变地下水水位、深入分析古近系半成岩地层基坑降水耦合开挖的变形特性，根据计算结果提出相关的工程建议。

（4）开展半成岩地层降水施工技术研究。如青秀山站超深基坑降水井的布置和降水井施工工艺降水效果监测、特殊情况的应急处理等。

2）复杂隧道群设计与施工关键技术研究

（1）开展复杂隧道群围岩稳定性及变形破坏机理研究。对南宁地区复杂地质条件下的隧道群的围岩变形规律进行理论分析和数值模拟；结合隧道群的围岩受力特征和变形规律，研究群洞室间的相互影响。

（2）研究基于隧道群设计和施工关键问题和难点的评价方法，分析半成岩地层围岩的变形特征，优化隧道群设计和施工工序。

（3）研究复杂隧道群近接影响分区及施工顺序优化。基于数值分析研究半成岩地层及暗挖隧道开挖面稳定性及变形特征，分析隧道变形特征的影响规律，在此基础上研究隧道群近接影响分区，计算支护结构的安全系数，并结合隧道群围岩破坏形态优化施工顺序。

（4）开展复杂城市隧道群及夹岩受力研究。通过数值模拟及理论分析，研究半成岩地层隧道微扰动施工方法，分析在建隧道对既有隧道的影响；在隧道群施工过程中，对复杂城市隧道群夹岩受力进行分析，并对夹岩的加固措施进行研究分析。

10.10.3 研究成果

1）降水施工方案设计

项目组通过单井、群井抽水试验获取地层竖向和横向水力联系关系，根据观测资料采用三维渗流有限差分软件 Visual MODFLOW 4.2 反演求取相关水文地质参数，保持抽水量和过滤器长度不变，反演得到储水率S、渗透系数K，与实测降水深度基本一致，满足工程精度要求，结果见表 10-2。

水文地质参数反演结果表　　　　　表 10-2

深度（m）	含水层部位	渗透系数平均值（m/d）		贮水率（1/m）
		水平	垂直	
45	隧道顶部	0.7	0.5	0.00002
57	隧道底面	0.8	0.8	0.0035
68	深层含水层	0.95	0.95	0.00015
71.5	深层含水层	0.95	0.95	0.0001

根据参数反演结果，项目组采用 Visual MODFLOW 4.2 建立有限差分模型，对降水井的位置进行反复演算。计算模型尺寸为 3000m×3000m×80m（长×宽×高）。模拟期为3d，将整个模拟期划分为 9 个计算周期，在每个计算周期中，所有外部源汇项的强度保持不变。设计降深为 25m，将水位降至隧道拱顶以下 0.5m。经过反复模拟计算，最终确定的降水井平面间距为 10~15m，共布设 79 口降水井，其中，明挖站厅层基坑内降水井兼作基坑开挖所需降水井。

另外，单井及群井水位恢复试验结果（图 10-17）显示：在停止抽水后，短时间内水位恢复较快，群井在 390min 之内水位可恢复到 10%，而单井则在 40min 之内水位即可恢复到 14%。因此，工程现场需要确保连续供电条件，应当预备备用发电机，切换时间建议控制在 4h 以内。

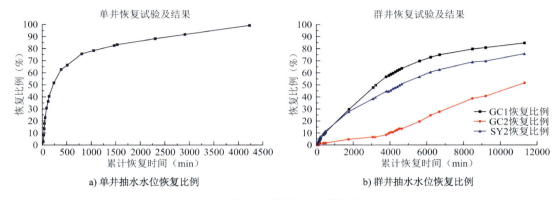

a) 单井抽水水位恢复比例　　b) 群井抽水水位恢复比例

图 10-17　单井及群井抽水水位恢复比例

通过群井降水，隧道围岩的稳定性得到了大幅度提高。围岩物理力学参数试验显示，降水前⑦$_{2-3}$粉砂岩摩擦角为 30°，黏聚力为 60kPa。降水后围岩的摩擦角提高为 40°，黏聚力提高为 600~1000kPa。降水后，隧道掌子面可自稳，无须进行超前帷幕注浆，取得了良好的经济效益，同时可以适当对隧道的开挖工法进行优化。另外，降水引起车站周边建筑物的沉降均小于 15mm，满足规范要求。

2）隧道群洞效应及交叉节点的处理措施

项目组根据小断面隧道施工横通道监测数据对弹性模量进行反演，确定整体模型计算输入的弹性模量为勘察报告中所提供的压缩模量的 70 倍。建立三维数值模拟计算模型（图 10-18），为避免发生边界效应，隧道周边土体尺寸按 4 倍洞径考虑，建立的模型长 150m，宽 140m，高 100m。

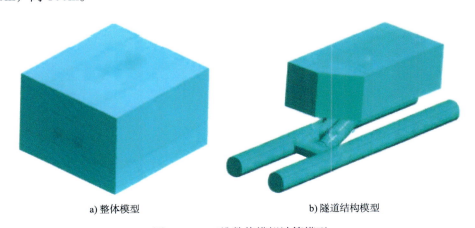

a) 整体模型　　b) 隧道结构模型

图 10-18　三维数值模拟计算模型

经过多方案比选并结合现场实际情况，确定的开挖步序为：①明挖站厅层及站厅层结构施工；②左线隧道开挖；③横通道开挖；④右线隧道开挖；⑤施作主隧道的二次衬砌；⑥斜扶梯通道开挖；⑦斜扶梯通道二次衬砌；⑧小竖井开挖。隧道开挖方法为中隔壁法（CD法），开挖进尺为1m，台阶长度为4m，初期支护闭合成环，距离掌子面16m。

项目组通过数值模拟得到了隧道开挖后围岩和支护结构的变形及受力特征，以围岩位移为参考指标对各工序进行分析，各施工步序对应的围岩竖向最大位移如图10-19所示。左线隧道开挖后隧道拱顶的最大位移为4.6mm，横通道进洞后交叉口的位移增大至10.3mm，增大了124%，其影响范围约为2倍的隧道洞径；待横通道开挖完成后，位移增大至13.4mm，相对进洞时又增加了30%；右线隧道开挖完成后，位移增大至16.4mm，相对上一工序增大了22%；斜通道和竖井开挖完成后，位移增大至18.4mm，相对上一工序增加了约12%，增加幅度较小。虽然斜通道开挖对交叉口及左右线变形的绝对值影响较小，但对横通道结构影响较大，横通道标准断面的位移由9mm增大至18mm，使得3处交叉口引起的围岩位移较大范围相互联结，导致整个横通道上方处于变形较大的状态。竖向位移云图如图10-20所示。

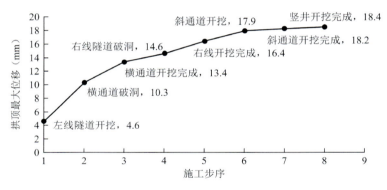

图10-19　围岩最大竖向位移变化图

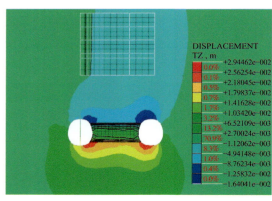
a) 左右线隧道开挖完成后竖向位移云图

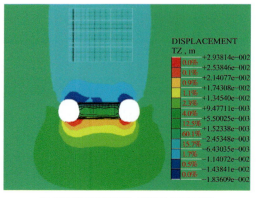
b) 斜扶梯通道开挖完成后竖向位移云图

图10-20　竖向位移云图

从支护结构受力的角度进行分析。在交叉口位置，支护结构呈现双向受弯及双向受拉压三维空间受力状态，尤其是拱顶和仰拱出现较大的拉力，初期支护最大拉力达到 1680kN，站台隧道初期支护受拉范围约为 2 倍横通道洞径。其次，斜扶梯通道和正线隧道的横通道二次衬砌结构则整个拱顶和仰拱均呈现受拉状态，最大拉力达到 1380kN。因此，不论对于初期支护还是二次衬砌结构，在隧道相贯的交叉口位置必须加强支护结构的设计。

根据数值分析结果，车站暗挖站台层隧道群的开挖工序应遵循以下原则：①横通道距离左线隧道开挖面大于 1 倍隧道洞径后方可开挖。②明挖站厅层位置的斜扶梯通道需要待下方正线及横通道二次衬砌完成后方可施工。③连接站厅层与站台层的小竖井最后施工。最终确定的施工工序如图 10-21 所示。

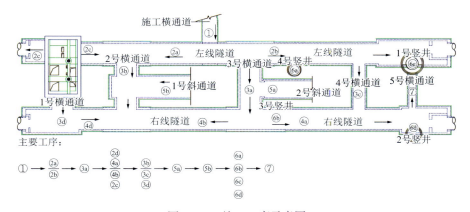

图 10-21　施工工序示意图

针对隧道三岔口处围岩变形大、支护结构呈现轴向受拉的情况，项目组对隧道支护措施进行加强设计，主要包括以下几个方面：

（1）加强正线隧道及横通道的格栅钢架主筋，其中横通道主筋采用 4E32 钢筋。同时，将格栅钢架的纵向连接筋直径由 22mm 提高至 28mm，环向间距由 1m 减小至 0.5m，增强钢架的整体性。

（2）横通道进洞钢架密排，密排数量不少于 4 榀，间距为 400mm。

（3）横通道进洞前需打设 ϕ108mm 超前大管棚。

（4）为了保证永久结构的安全，适当加厚横通道的衬砌厚度并增加相应的配筋数量，本站横通道三岔口处衬砌厚度设计为 900mm。

施工过程中严格按照设计方案进行施工，未出现风险事故，各项监测数据也在合理范围内，其中，横通道与正线交叉口位置拱顶沉降最大为 11.7mm，横通道与斜扶梯通道交叉口位置拱顶沉降最大为 11.9mm，如图 10-22 所示。虽然监测得到的位移数值与数值模拟存在一定的差别（可能与实际监测过程中监测点的埋设稍晚，支护已经发生了部分变形有关），但基本的变形规律与数值模拟结果一致。

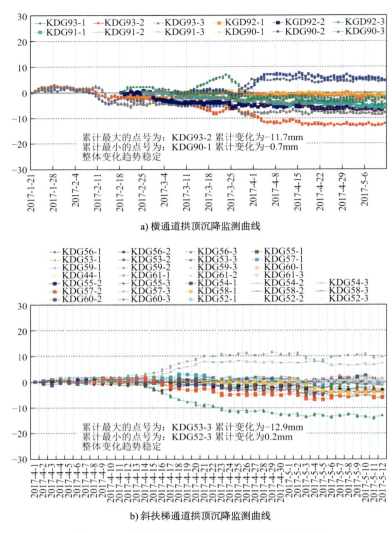

a) 横通道拱顶沉降监测曲线

b) 斜扶梯通道拱顶沉降监测曲线

图 10-22　横通道和斜扶梯通道拱顶沉降监测曲线

参 考 文 献

[1] 罗文静, 邹成路. 南宁半成岩地层明暗挖地铁车站关键技术及数值分析[J]. 隧道建设(中英文), 2020(5): 727-734.

[2] 邹成路, 林威, 罗文静, 等. 城市轨道交通车站半成岩深基坑围护结构变形特性研究[J]. 城市轨道交通研究, 2022, 25(3): 150-155.

[3] 罗文静, 唐志辉, 农兴中. 地铁盾构隧道下穿运营铁路的设计思考与对策研究[J]. 施工技术, 2020, 49(13): 1-5, 34.

[4] 蒋盼平. 半成岩地层采用群井降水技术的设计及应用[J]. 市政技术, 2022, 40(3): 109-114.

[5] 黎高辉. 南宁地区第三系半成岩地层中超深地铁车站降水关键技术研究[J]. 工程建设, 2017, 49(5): 37-40.

[6] 唐志辉. 盾构下穿大直径挡土桩快速提升清障关键技术研究[J]. 建筑技术开发, 2023, 50(8): 99-103.

[7] 王炳华, 黄钟晖, 王景春, 等. 半成岩地层明暗挖结合超深地铁车站绿色建造关键技术研究[M]. 北京: 中国建筑工业出版社, 2022.

[8] 中华人民共和国住房和城乡建设部. 地铁设计规范: GB 50157—2013[S]. 北京: 中国建筑工业出版社, 2014.

[9] 中华人民共和国住房和城乡建设部. 城市轨道交通技术规范: GB 50490—2009[S]. 北京: 中国建筑工业出版社, 2009.

[10] 中华人民共和国住房和城乡建设部. 混凝土结构设计规范: GB 50010—2010[S]. 北京: 中国建筑工业出版社, 2016.

[11] 中华人民共和国住房和城乡建设部. 建筑结构荷载规范: GB 50009—2012[S]. 北京: 中国建筑工业出版社, 2012.

[12] 中华人民共和国住房和城乡建设部. 混凝土结构耐久性设计规范: GB/T 50476—2019[S]. 北京: 中国建筑工业出版社, 2019.

[13] 中华人民共和国住房和城乡建设部. 建筑设计防火规范: GB 50016—2014[S]. 北京: 中国计划出版社, 2014.

[14] 中华人民共和国住房和城乡建设部. 公共建筑节能设计标准: GB 50189—2015[S]. 北京: 中国建筑工业出版社, 2015.

[15] 中华人民共和国住房和城乡建设部. 人民防空工程设计防火规范: GB 50098—2009[S]. 北京: 中国计划出版社, 2009.